SECRETOS
DE LA NARRATIVA GRÁFICA
APLICADOS
AL CÓMIC

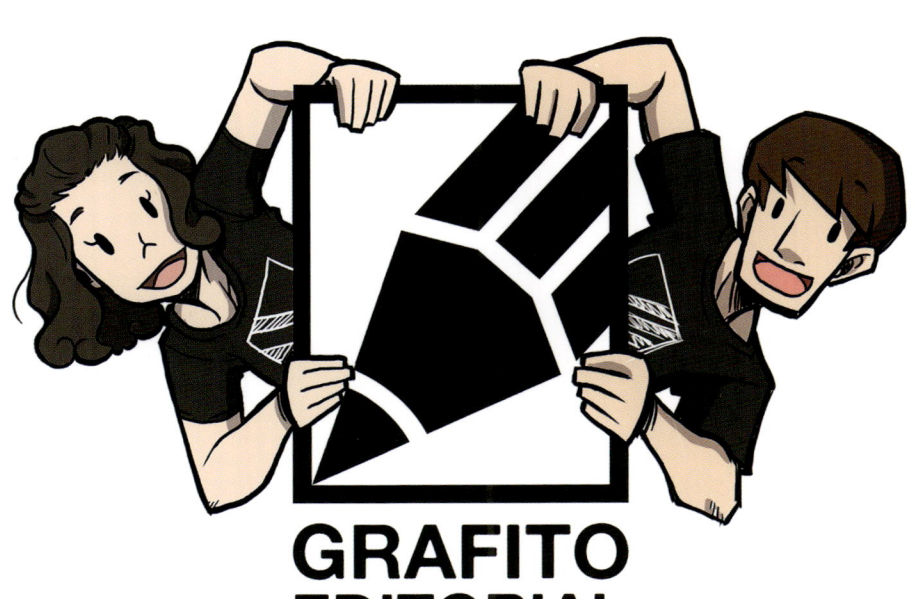

**GRAFITO
EDITORIAL**

SECRETOS APLICADOS AL CÓMIC
DE LA NARRATIVA GRÁFICA

Dirección Editorial: Guillermo Morales Paz
Dirección de Marketing: Yolanda Dib Cabello
Diseño: Grafito Editorial / Jesús Huguet
Maquetación: Estudio U-GET!

Edita **GRAFITO EDITORIAL**
B-98922594
València
www.grafitoeditorial.com
ventas@grafitoeditorial.com

ISBN: 978-84-129924-1-0
Depósito legal: V-1737-2025
Impreso en España.

En este cómic no se ha utilizado IA generativa.

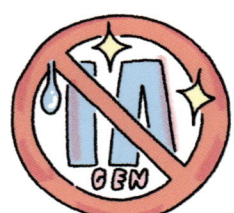

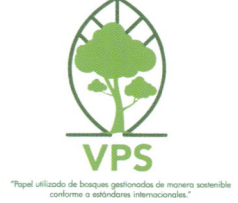

"Papel utilizado de bosques gestionados de manera sostenible conforme a estándares internacionales."

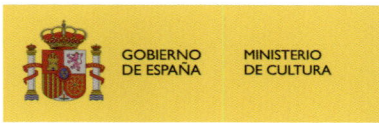

GOBIERNO DE ESPAÑA — MINISTERIO DE CULTURA

Actividad subvencionada por el Ministerio de Cultura

ÍNDICE

ESTO NO ES FÁCIL.

Prólogo de Albert Monteys

Llevo treinta años dibujando cómics y el proceso sigue siendo, para mí, lo más parecido a lanzarse por una pendiente empinada en estado de pánico mientras haces malabarismos para no tropezar y llegar dignamente al final. Por eso me resulta siempre difícil responder a la pregunta "¿Cómo se hace un cómic?". Mi respuesta inmediata suele ser "como uno buenamente puede".

Luego, claro, me acuerdo de *La técnica del cómic*, el manual que Josep María Beà publicó en los ochenta y de cómo absorbí con ansiedad vampírica el acervo de conocimiento que contenía (entre ellos que, habitualmente, se dibujan las páginas a un tamaño más grande que el de publicación, ¡nadie te cuenta estas cosas por la calle!). O cómo, con quince años, en una academia de cómic de Barcelona, descubrí que se podía entintar con pincel (DaVinci Maestro num.2 que sigo usando hoy en día). O cómo, mientras hacía mi primer fanzine con cuatro amigos, compartíamos descubrimientos, técnicas narrativas e influencias. O cómo aprendí a rotular mirando muy de cerca a Manel Fontdevila.

El trabajo del dibujante de tebeos está compuesto por mil microdisciplinas que se combinan, se entremezclan, se apoyan y se complementan para acabar, si todo sale bien, creando una experiencia lectora fluida e intuitiva. El proceso de aprendizaje nunca termina.

Por suerte los autores de cómic son gente generosa, se comparten consejos, técnicas, hasta se hace terapia de grupo. Uno acaba dándose cuenta de que cada autor trabaja de manera distinta. Materiales, filosofías, trucos, maneras de enfocar un guion o la composición de una página, pero siempre hay algo que aprender si uno consigue que un dibujante de tebeos deje de quejarse durante cinco minutos y hable un poco de su trabajo. Como os dejo en manos de gente muy capaz y con gran capacidad de explicarse con claridad diáfana, voy a ahorraros consejos demasiado concretos y terminaré este prólogo con dos perlas de conocimiento para tener también la sensación de haber aportado algo:

Uno. En un cómic el dibujo es lenguaje. Lo que importa es cómo nos transmite lo que queremos, cómo se relaciona un dibujo con el anterior y el siguiente, qué espacio ocupa en la página y por qué. La filosofía al enfocar el dibujo de un cómic, tal y como yo lo veo, tiene tanto de ortografía como de arte plástica.

Dos. Hacer cómics supone una cantidad de trabajo demencial y requiere una disciplina a prueba de bombas. No hay atajos, uno convive con las páginas durante largas jornadas, cree a veces que nunca va a terminar, sospecha que quizás no valga la pena, empieza a dudar de todo. ¿Mi consejo? Sal a caminar, bebe agua cada 30 minutos, llama a un amigo, cuida tu espalda y nunca olvides que hacemos esto porque es apasionante.

En realidad, de un modo u otro, estos dos consejos los encontrarás, a veces más destilados, a veces más concentrados en las páginas de las compañeras que han decidido compartir lo mucho que saben en este volumen. Yo saco la libreta y voy tomando notas.

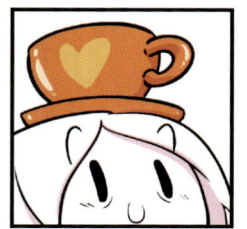

COMPONER UNA VIÑETA: FLUJO DE LECTURA Y REGLA DE LOS TERCIOS.
Laurielle

Cuando dibujamos cómic elegimos qué elementos vamos a poner en nuestro dibujo y de qué manera.

Incluso con el guion más detallado del mundo, cada viñeta requiere un montón de pequeñas decisiones sobre **cómo** vamos a representarlo.

Esas decisiones las tomamos siempre, de forma consciente o no. Si no somos conscientes, pueden dificultar la lectura y estropear la acción. Pero si estamos atentos y lo hacemos con una intención concreta, hacen que los elementos importantes destaquen y guian el ojo del lector. A esta intencionalidad la llamamos **componer**, ya sea una viñeta o una página.

Una herramienta de composición muy popular es la **regla de los tercios**. Data de por lo menos el S. XVII, y se resume así: a los seres humanos nos gusta la simetría, pero nos gusta que sea perfecta... y somos demasiado buenos detectando cuándo no es perfecta. Si en lugar de usar composiciones simétricas usamos una composición en tercios, da esa sensación de equilibrio y simetría sin exigirnos perfección.

Para hacer una composición en tercios, dividimos la imagen en tres partes iguales (vertical y horizontalmente) con cuatro líneas, e intentamos colocar los elementos importantes de la imagen sobre esas líneas.

También es útil tener presente el **flujo de lectura**. En el sentido de lectura occidental los cómics se leen de izquierda a derecha: el lector ve primero lo que está más a la izquierda, y por lo tanto sucede "antes". En este sentido, si estamos dibujando un diálogo lo ideal es colocar a la izquierda a la persona que habla primero, y si estamos haciendo una escena de acción todo

movimiento que vaya de izquierda a derecha resultará más fluido y por tanto más rápido.

Para asegurarnos de que el flujo sigue el recorrido que queremos, podemos dibujar una línea sobre la página, empezando en la esquina superior izquierda y yendo por todos los elementos (bocadillos, personajes, etc.). ¿Se lee todo en orden, o el ojo tiene que volver atrás dentro de una misma viñeta? ¿Pasamos fácilmente de un bocadillo a otro y de una viñeta a otra, o hay dudas de qué va antes y qué después? Si es así, ¿es algo que hacemos aposta para buscar una composición chocante, o debemos cambiar la composición para que fluya mejor?

Una tercera herramienta es usar otros elementos para **enmarcar** la acción. El fondo se usa para indicar dónde sucede nuestra historia, pero también puede usarse para resaltar elementos clave. Por ejemplo, colocando una nube o una masa de árboles a ambos lados del personaje, para que su silueta se recorte contra el cielo.

De la misma manera podemos poner elementos en primer plano para guiar el ojo hacia nuestros personajes. Solemos resistirnos a dibujar nada por "delante" de la acción, por miedo de taparla, pero causa el efecto contrario: da profundidad y llama la atención sobre lo que estamos dibujando.

Hay muchísimas más herramientas para componer, que pueden aprenderse con la práctica o leyendo otras obras. Te animo a coger tus cómics favoritos pero (por esta vez) mirar la composición en lugar de leerlos. ¿Usan la regla de los tercios? ¿Cómo viaja tu ojo por la página? ¿Qué herramientas puedes incorporar a tu siguiente composición?

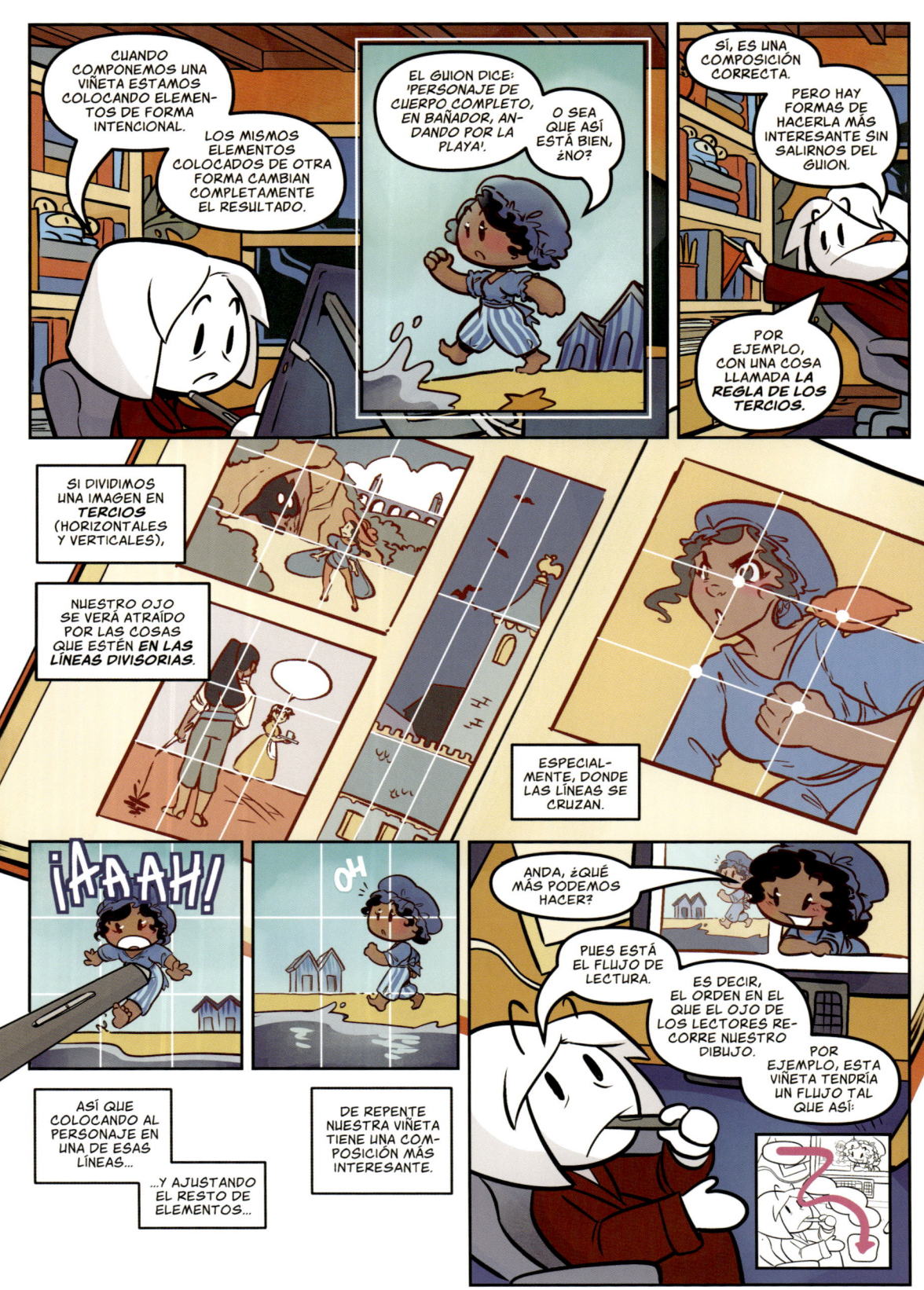

CUANDO COMPONEMOS UNA VIÑETA ESTAMOS COLOCANDO ELEMENTOS DE FORMA INTENCIONAL.

LOS MISMOS ELEMENTOS COLOCADOS DE OTRA FORMA CAMBIAN COMPLETAMENTE EL RESULTADO.

EL GUION DICE: 'PERSONAJE DE CUERPO COMPLETO, EN BAÑADOR, ANDANDO POR LA PLAYA'.

O SEA QUE ASÍ ESTÁ BIEN, ¿NO?

SÍ, ES UNA COMPOSICIÓN CORRECTA.

PERO HAY FORMAS DE HACERLA MÁS INTERESANTE SIN SALIRNOS DEL GUION.

POR EJEMPLO, CON UNA COSA LLAMADA LA REGLA DE LOS TERCIOS.

SI DIVIDIMOS UNA IMAGEN EN TERCIOS (HORIZONTALES Y VERTICALES),

NUESTRO OJO SE VERÁ ATRAÍDO POR LAS COSAS QUE ESTÉN EN LAS LÍNEAS DIVISORIAS.

ESPECIALMENTE, DONDE LAS LÍNEAS SE CRUZAN.

¡AAAH!

OH

ASÍ QUE COLOCANDO AL PERSONAJE EN UNA DE ESAS LÍNEAS...

...Y AJUSTANDO EL RESTO DE ELEMENTOS...

DE REPENTE NUESTRA VIÑETA TIENE UNA COMPOSICIÓN MÁS INTERESANTE.

ANDA, ¿QUÉ MÁS PODEMOS HACER?

PUES ESTÁ EL FLUJO DE LECTURA.

ES DECIR, EL ORDEN EN EL QUE EL OJO DE LOS LECTORES RECORRE NUESTRO DIBUJO.

POR EJEMPLO, ESTA VIÑETA TENDRÍA UN FLUJO TAL QUE ASÍ:

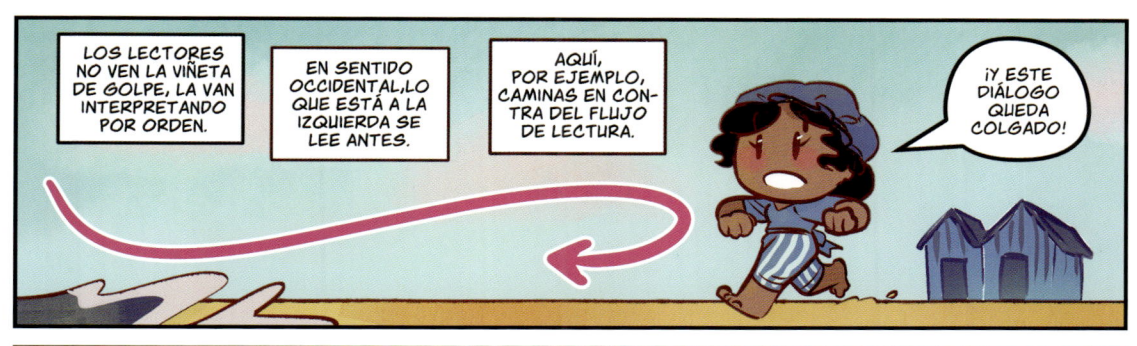

LOS LECTORES NO VEN LA VIÑETA DE GOLPE, LA VAN INTERPRETANDO POR ORDEN.

EN SENTIDO OCCIDENTAL, LO QUE ESTÁ A LA IZQUIERDA SE LEE ANTES.

AQUÍ, POR EJEMPLO, CAMINAS EN CONTRA DEL FLUJO DE LECTURA.

¡Y ESTE DIÁLOGO QUEDA COLGADO!

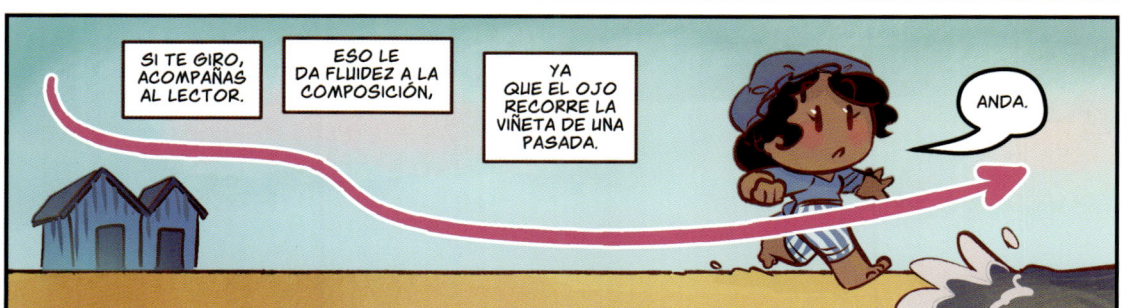

SI TE GIRO, ACOMPAÑAS AL LECTOR.

ESO LE DA FLUIDEZ A LA COMPOSICIÓN,

YA QUE EL OJO RECORRE LA VIÑETA DE UNA PASADA.

ANDA.

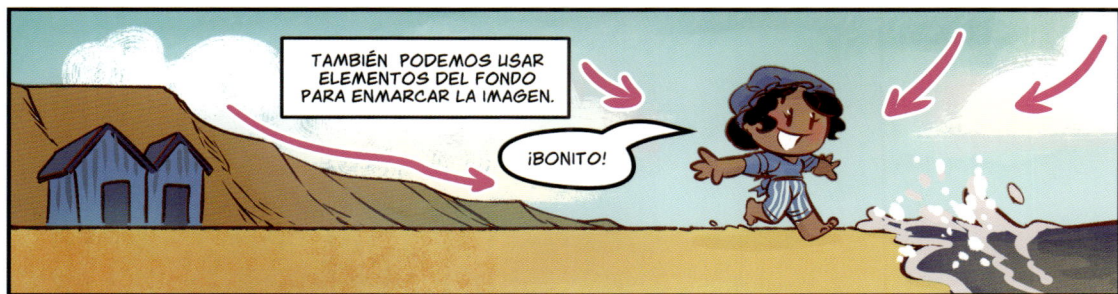

TAMBIÉN PODEMOS USAR ELEMENTOS DEL FONDO PARA ENMARCAR LA IMAGEN.

¡BONITO!

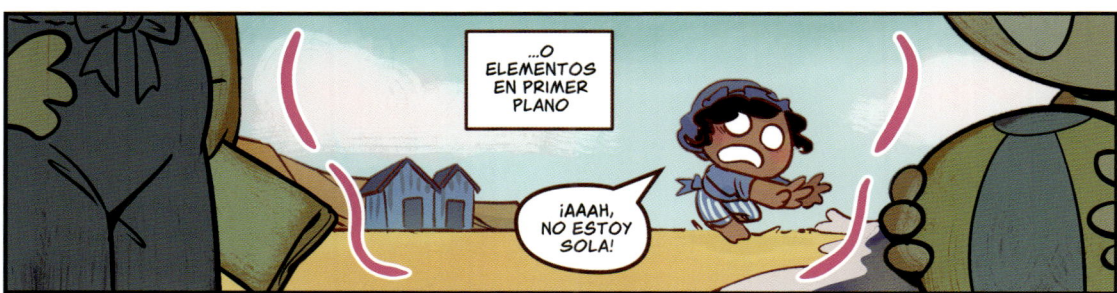

...O ELEMENTOS EN PRIMER PLANO

¡AAAH, NO ESTOY SOLA!

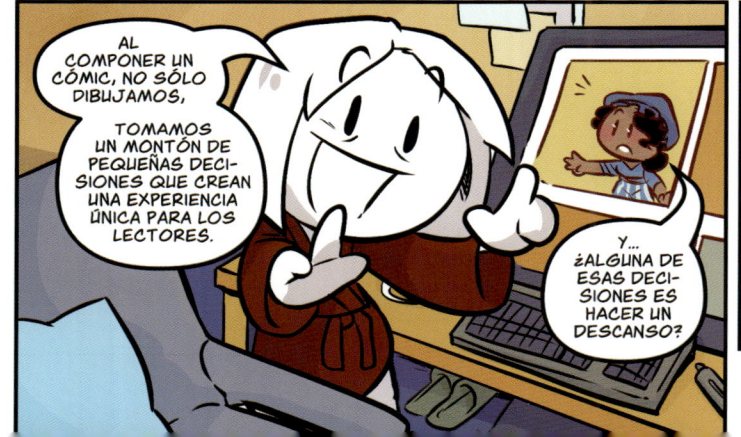

AL COMPONER UN CÓMIC, NO SÓLO DIBUJAMOS,

TOMAMOS UN MONTÓN DE PEQUEÑAS DECISIONES QUE CREAN UNA EXPERIENCIA ÚNICA PARA LOS LECTORES.

Y... ¿ALGUNA DE ESAS DECISIONES ES HACER UN DESCANSO?

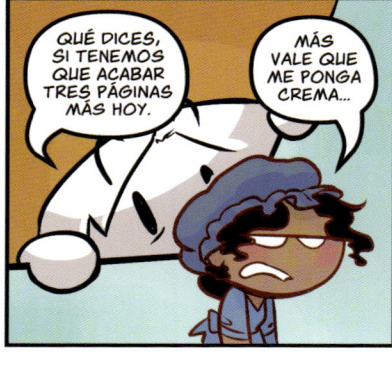

QUÉ DICES, SI TENEMOS QUE ACABAR TRES PÁGINAS MÁS HOY.

MÁS VALE QUE ME PONGA CREMA...

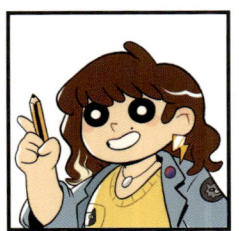

EL DIABLO ESTÁ EN LOS DETALLES: O CÓMO CREAR AMBIENTES USANDO PLANOS DETALLE.

Sara Soler

Visualízate abriendo un cómic. Seguro que el 70% de las veces empieza con una viñeta grande en la que se enseña la ciudad de Nueva York, el gran cañón del colorado... Una panorámica del espacio con naves surcando las estrellas.

Esto es porque le autore (o autores) del cómic que tienes entre tus imaginarias manos, necesita que te ubiques en el mundo y en la historia que te va a contar. Para conseguirlo, está usando un **plano general**, que básicamente es una viñeta en la que aparece un paisaje, normalmente muy detallado y en la que también pueden aparecer los personajes transitando ese paisaje.

En una sola viñeta ya te ha contado dónde, cuándo y quién: París en 1944 mientras vemos a los soldados aliados posando junto al Arco del Triunfo, Long Island durante los locos años 20 y a Gastby yéndose de fiesta o a Paul Atreides paseando por Arrakis en el 10.000 D.C.

Es un recurso rápido, efectivo. A todo el mundo le ha quedado claro con una sola viñeta.

Pero no es la única manera de mostrar un espacio. De hecho, a veces puede quedar frío enseñar el lugar en el que se va a desarrollar nuestra historia como si fuera una postal y luego saltamos de viñeta y a otra cosa, mariposa. Es un punto de vista muy objetivo al fin y al cabo.

Os voy a enseñar un método con el que conseguir lo mismo que un gran plano general, pero que además de enseñar el escenario es capaz de crear un ambiente, de establecer el tono de la historia que vamos a contar e implicar emocionalmente al lector: **Usando una secuencia de varios planos detalle**.

Volvamos a París en 1944. Si empezamos con una viñeta detalle del Arco del Triunfo por la que asoman manos que saludan, seguimos con otra en la que las ruedas de un blindado avanzan, luego otra en la que dos personas se besan entre lágrimas y por último otra del cielo lleno de banderas aliadas... ¿No os genera un sentimiento mucho más cercano?

Esto ocurre porque a través de los planos detalle se os ha hecho partícipes de la historia de manera mucho más subjetiva y casi en primera persona, como si estuvierais allí.

Usando este recurso, apelas a las emociones del lector mientras le explicas que está en París, que han llegado los aliados y que lo están celebrando. Y además le haces sentir que es parte de ellos.

También puedes combinar este recurso con el uso del plano general, para crear efecto de *zoom out* (cuando usas los detalles primero y el plano general después) o *zoom in* (cuando usas primero el plano general.)

Ten en cuenta que este recurso no se puede usar sin ton ni son, ya que va a ralentizar el ritmo de la narración.

Piensa que nos estamos deteniendo a investigar todos los detalles dentro de una escena, por lo tanto es como parar el tiempo para ver en profundidad lo que está ocurriendo. Así que tal vez no te interese usar este recurso en medio de una conversación acalorada en la que el diálogo tiene que ser ágil.

En definitiva: ¡Cuidado con jugar con las leyes del espacio y el tiempo!

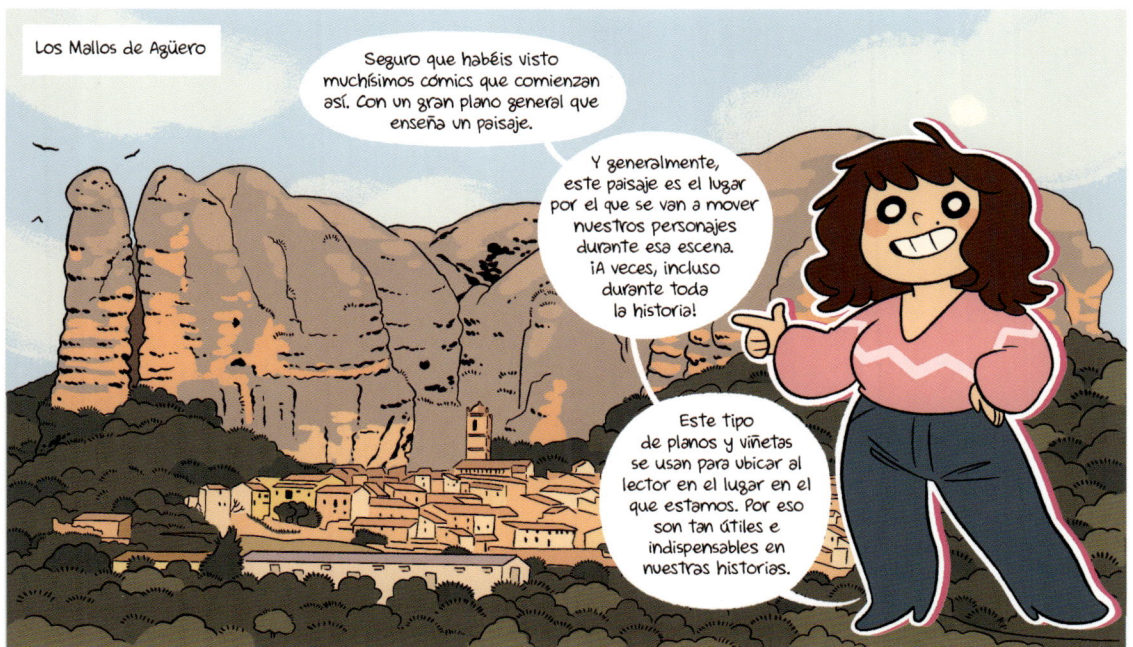

Los Mallos de Agüero

Seguro que habéis visto muchísimos cómics que comienzan así. Con un gran plano general que enseña un paisaje.

Y generalmente, este paisaje es el lugar por el que se van a mover nuestros personajes durante esa escena. ¡A veces, incluso durante toda la historia!

Este tipo de planos y viñetas se usan para ubicar al lector en el lugar en el que estamos. Por eso son tan útiles e indispensables en nuestras historias.

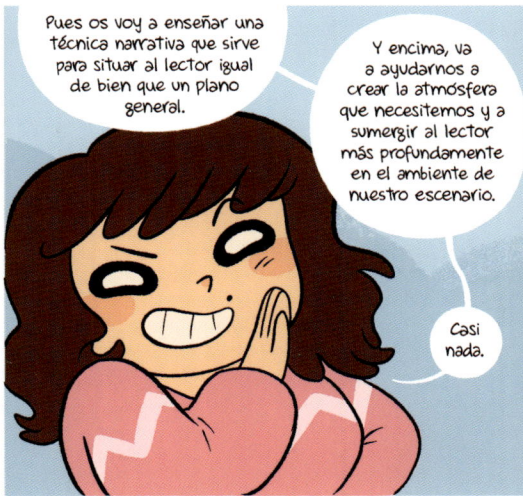

Pues os voy a enseñar una técnica narrativa que sirve para situar al lector igual de bien que un plano general.

Y encima, va a ayudarnos a crear la atmósfera que necesitemos y a sumergir al lector más profundamente en el ambiente de nuestro escenario.

Casi nada.

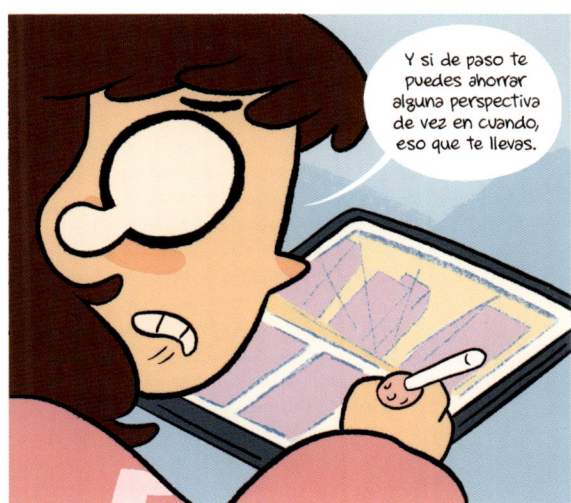

Y si de paso te puedes ahorrar alguna perspectiva de vez en cuando, eso que te llevas.

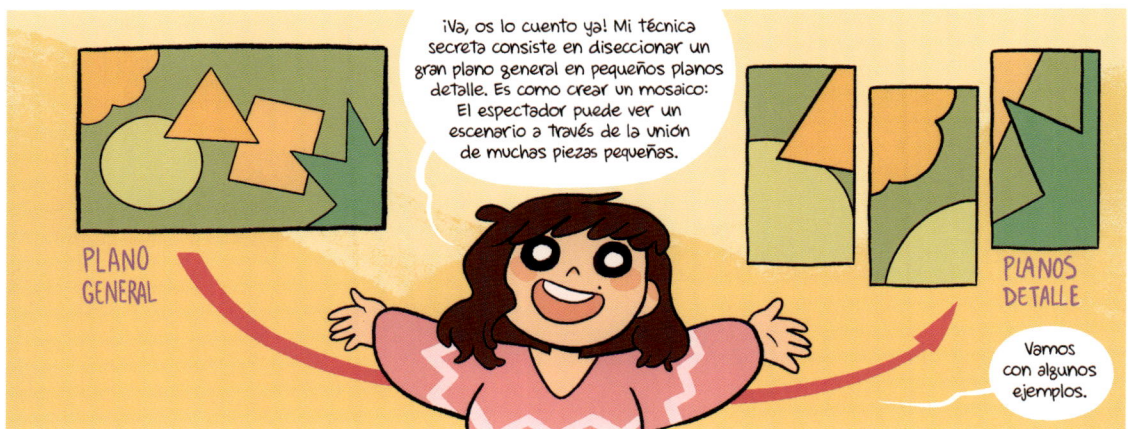

¡Va, os lo cuento ya! Mi técnica secreta consiste en diseccionar un gran plano general en pequeños planos detalle. Es como crear un mosaico: El espectador puede ver un escenario a través de la unión de muchas piezas pequeñas.

PLANO GENERAL

PLANOS DETALLE

Vamos con algunos ejemplos.

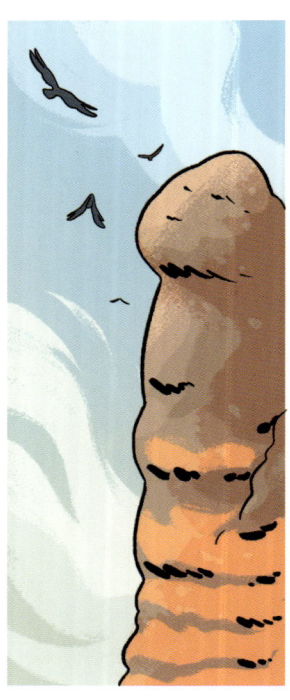
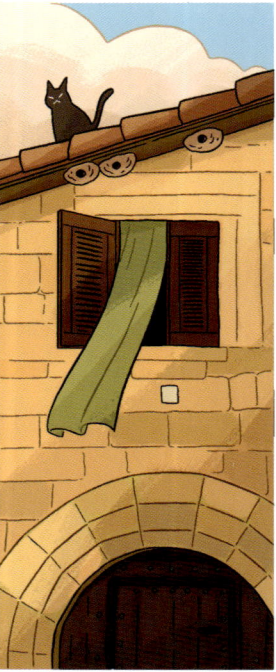
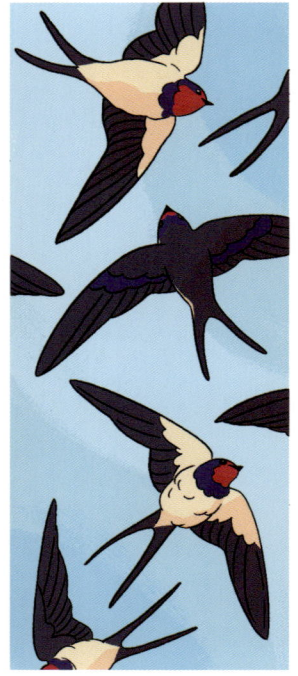
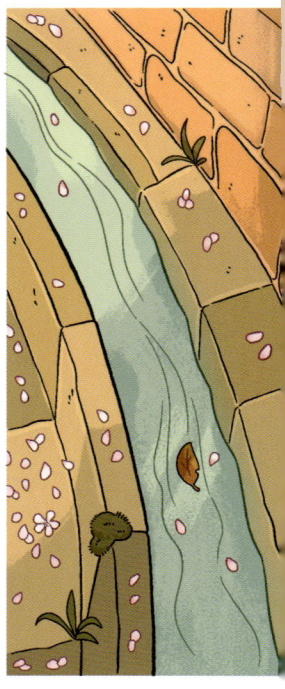

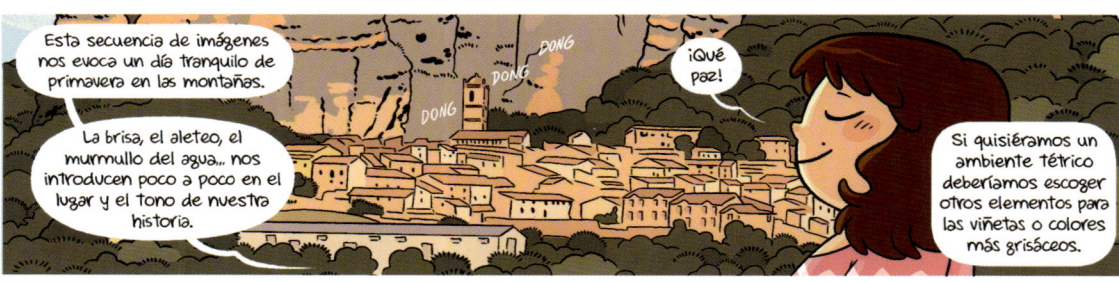

Esta secuencia de imágenes nos evoca un día tranquilo de primavera en las montañas.

La brisa, el aleteo, el murmullo del agua... nos introducen poco a poco en el lugar y el tono de nuestra historia.

DONG DONG DONG DONG

¡Qué paz!

Si quisiéramos un ambiente tétrico deberíamos escoger otros elementos para las viñetas o colores más grisáceos.

Podéis combinar la secuencia de planos detalle con un plano general, como he hecho aquí arriba para crear un efecto "zoom in" o "zoom out"

¿A que da la sensación de que nos alejamos lentamente del pueblo hasta que lo vemos entero? Eso es un "zoom out".

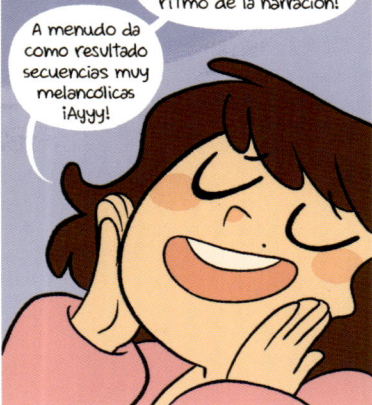

Este recurso narrativo, además sirve para "ralentizar el el tiempo". En lugar de dibujar una acción en cada viñeta, nos detenemos en un solo momento, en las sensaciones que nos transmite el escenario y la historia.

Así que elige bien en qué momento lo usas ¡porque detendrás el ritmo de la narración!

A menudo da como resultado secuencias muy melancólicas ¡Ayyy!

Espero que os haya gustado este truco narrativo ¡es de mis favoritos!

¡No puedo esperar a ver las páginas que os van a quedar!

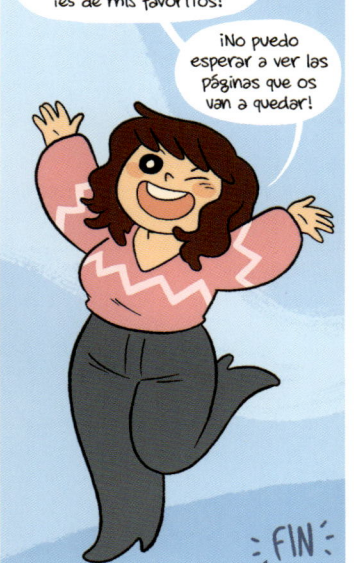

FIN

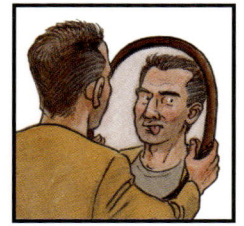

LOS REFLEJOS Y EL MAL DE NARCISO.

Agustín Ferrer Casas

Dícese que Narciso, joven apuesto y bello, quedó atrapado en un castigo sin fin por su vanidad: quedose mirando su propio reflejo en las quietas aguas de un estanque, incapaz de levantar la vista de la superficie del líquido elemento.

Pero ciñéndome al tema propuesto de cara al cómic, diré por experiencia propia que el recurso de dibujar reflejos –el propio de un espejo, el de la superficie del agua en calma o el de un material lo suficientemente pulido-, además de aportar cierta información visual a la historia que contemos, hará que nos quede una ilustración muchísimo más bella –volvemos a la figura de Narciso-. Por el contrario, si prescindimos de estos efectos o, incluso, los resolvemos mal, nuestro cerebro dirá "aquí pasa algo raro".

Comienzo hablando del clásico reflejo en un espejo. Si el personaje que se mira en él está de espaldas al observador –en este caso el lector- y el espejo está situado en una posición frontal (si estuviera totalmente de perfil no veríamos el reflejo), podrá verse la cara del personaje reflejada en él (información de la que careceríamos en ausencia de espejo), salvo que el personaje esté en la misma línea visual del lector, interponiéndose entre este y el reflejo, o si se trata de un vampiro (ja, ja, ja).

Para este primer efecto no cabe otro recurso que dibujar el duplicado en el espejo. Caben ciertos atajos, como el recurso digital de copiar la imagen original y pegarla en el espejo volteándola horizontalmente. Para hacerlo bien la distancia existente entre el personaje original hasta el plano del espejo debe ser la misma que la de ese plano y el reflejo.

Es decir, y a efectos prácticos, si nosotros acercamos un dedo a un espejo, la imagen reflejada de ese dedo se irá acercando en la misma medida hasta el dedo original (nunca llegará a tocarse puesto que siempre quedará por medio el espesor del vidrio y, detrás de este, el nitrato de plata que permite el reflejo).

En el caso de tratarse de una superficie pulida, brillante, reflectante, al acercar el dedo, este y su reflejo sí llegarán a juntarse.

La inclinación del espejo también es un tema importante a tratar. Así como la lámina de agua que actúa como espejo siempre va a estar dispuesta de manera horizontal, un espejo podrá inclinarse verticalmente, con lo que la imagen reflejada formará el mismo ángulo de inclinación con ese plano que conforma el espejo.

Pasemos al tema de los reflejos en charcos, piscinas, lagos –superficies en reposo- o en pavimentos muy pulidos. En estos últimos casos se dibuja el elemento a reflejar volteado verticalmente respecto al punto en el que este toca el suelo. En un pavimento se verá la figura entera. Pero cuando se trata de agua solo se verá la parte de la figura que, volteada como dije antes, entra dentro del perímetro del líquido –el modelo más pequeño son los charcos-.

Así, por ejemplo, las montañas de un paisaje tocan el plano en el que se encuentra el agua en la línea del horizonte y, si no son altas y el lago está adelantado respecto a esa línea, puede que ni se reflejen.

Y por si fuese poco lo contado hasta ahora, añadiré que los brillos y reflejos se mueven con el observador, no así las sombras si el punto de luz es fijo, pero eso ya sería teoría para otra ocasión.

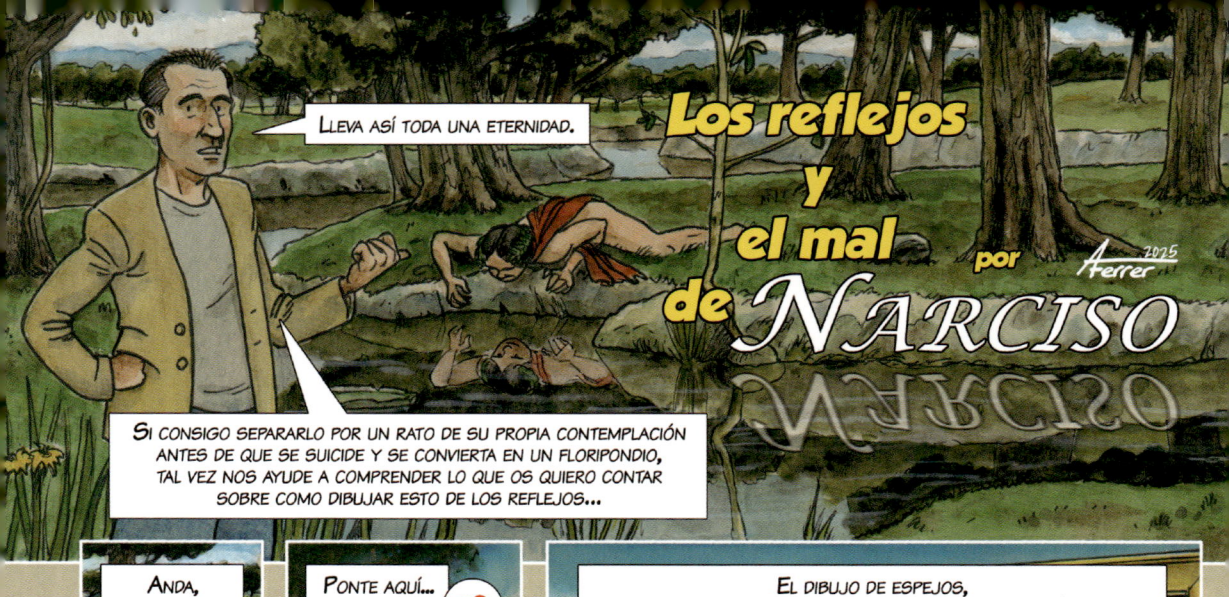

Los reflejos y el mal de NARCISO por Ferrer 2025

LLEVA ASÍ TODA UNA ETERNIDAD.

SI CONSIGO SEPARARLO POR UN RATO DE SU PROPIA CONTEMPLACIÓN ANTES DE QUE SE SUICIDE Y SE CONVIERTA EN UN FLORIPONDIO, TAL VEZ NOS AYUDE A COMPRENDER LO QUE OS QUIERO CONTAR SOBRE COMO DIBUJAR ESTO DE LOS REFLEJOS...

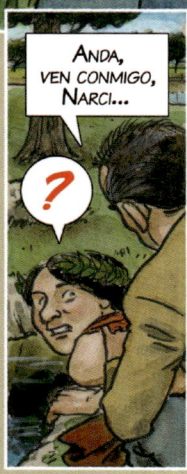

ANDA, VEN CONMIGO, NARCI...

?

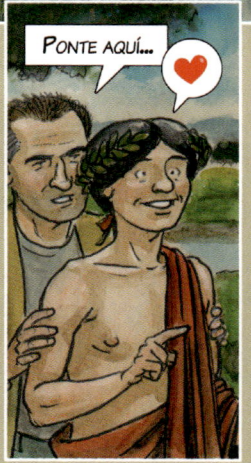

PONTE AQUÍ... ♥

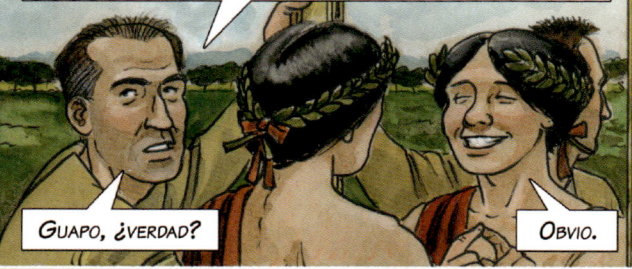

EL DIBUJO DE ESPEJOS, APARTE DE DAR MÁS VISTOSIDAD A UNA ILUSTRACIÓN, NOS PERMITE TRANSMITIR UNA INFORMACIÓN QUE DE OTRA MANERA NOS QUEDARÍA OCULTA. AL VER A NARCISO DE ESPALDAS NO SOMOS CAPACES DE ADMIRAR SU BELLO ROSTRO. SOLO LO HAREMOS CUANDO DIBUJEMOS UN ESPEJO FRENTE A ÉL. Y AHÍ ESTARÁ SU REFLEJO.

GUAPO, ¿VERDAD?

OBVIO.

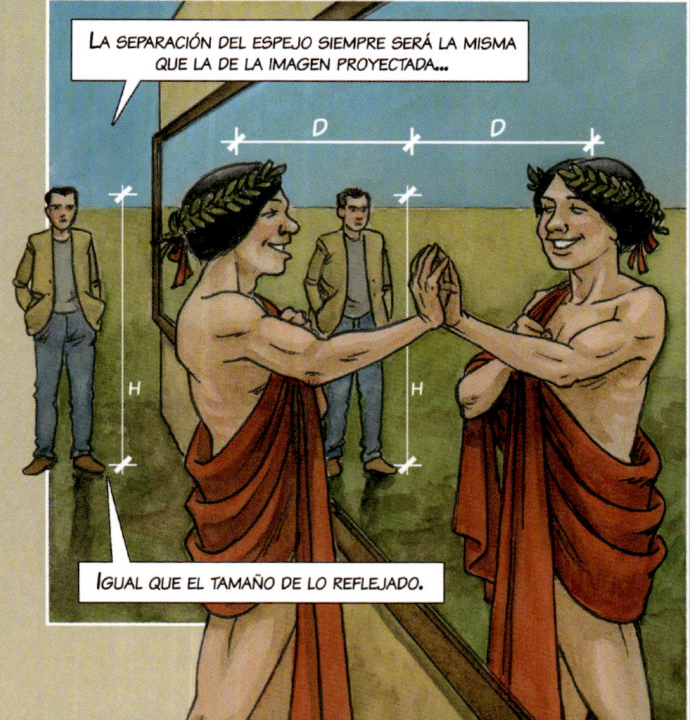

LA SEPARACIÓN DEL ESPEJO SIEMPRE SERÁ LA MISMA QUE LA DE LA IMAGEN PROYECTADA...

IGUAL QUE EL TAMAÑO DE LO REFLEJADO.

SI RESPECTO AL SUELO EL ESPEJO PRESENTA UNA INCLINACIÓN A, LA IMAGEN PROYECTADA FORMARÁ EL ÁNGULO COMPLEMENTARIO B CON LA SUPERFICIE DEL CRISTAL.

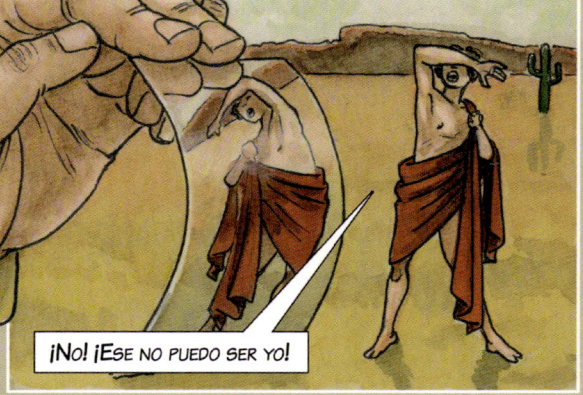

ESTO NO SOLO ES APLICABLE A ESPEJOS, SINO TAMBIÉN A SUPERFICIES PULIDAS, BRILLANTES, REFLECTANTES... PERO SI ESTAS NO SON SUPERFICIES PLANAS, SINO CURVADAS, LA IMAGEN REFLEJADA SE DEFORMARÁ.

¡NO! ¡ESE NO PUEDO SER YO!

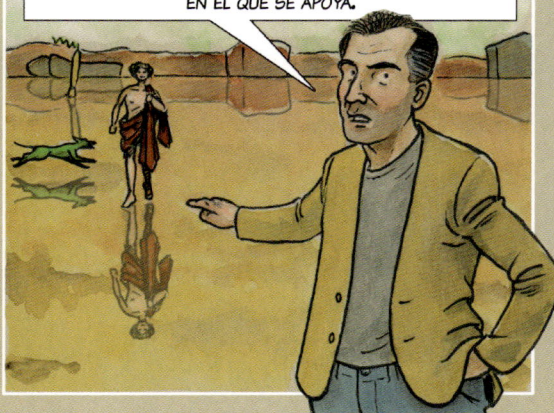

EN EL CASO DE REFLEJOS EN SUPERFICIES HORIZONTALES, COMO PAVIMENTOS PULIDOS O AGUA, LA FIGURA DUPLICADA ESTARÁ VOLTEADA VERTICALMENTE DESDE EL PUNTO EN EL QUE ESTA TOCA EL PLANO EN EL QUE SE APOYA.

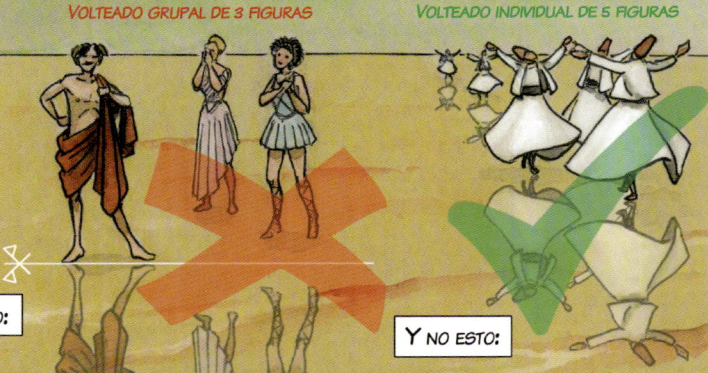

¡ATENCIÓN! SI USAIS HERRAMIENTAS DIGITALES NO CAIGÁIS EN EL ERROR DE VOLTEAR LA IMAGEN A REFLEJAR SIN REFLEXIONAR ANTES UN POCO. POR EJEMPLO, DIGAMOS QUE TENEMOS UN GRUPO DE FIGURAS A DIFERENTES PROFUNDIDADES... DEBEREMOS VOLTEAR LAS FIGURAS, DE UNA EN UNA Y POR SEPARADO, NO EL GRUPO ENTERO DE UNA VEZ.

O PASARÁ ESTO:

VOLTEADO GRUPAL DE 3 FIGURAS

VOLTEADO INDIVIDUAL DE 5 FIGURAS

Y NO ESTO:

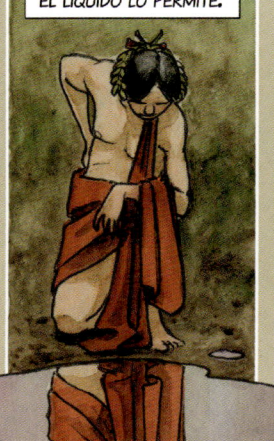

VOLVIENDO AL CASO DEL AGUA, LA FIGURA SOLO SE VERÁ ENTERA SI EL CONTORNO QUE ABARCA EL LÍQUIDO LO PERMITE.

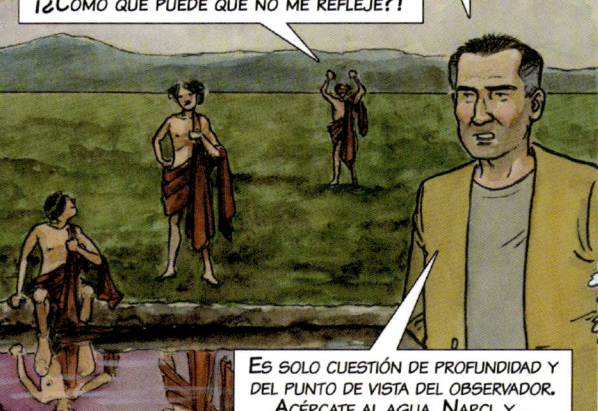

Y CON ESTO ACABO, VEAMOS QUÉ PASA SI NARCISO ESTÁ EN EL BORDE DE UN ESTANQUE, CERCA O LEJOS DE ÉL. DE NUEVO CUIDADO, PORQUE INCLUSO PUEDE QUE NO LLEGUE A REFLEJARSE EN EL AGUA.

¡¿CÓMO QUE PUEDE QUE NO ME REFLEJE?!

ES SOLO CUESTIÓN DE PROFUNDIDAD Y DEL PUNTO DE VISTA DEL OBSERVADOR. ACÉRCATE AL AGUA, NARCI, Y...

¡¡¡PERO NO TANTO, NARCISO!!!

CHOOOF!

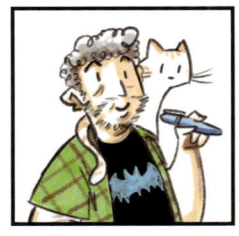

PERSPECTIVA MOEBIUS O VISTA DE RANA.
José Fonollosa

Perspectiva es el modo de representar tridimensionalidad y profundidad del espacio en una superficie plana de dos dimensiones, como es una página de cómic. Entre los tipos de perspectiva que pueden usarse en el arte, os hablaré de "la vista de rana" o, como hasta hace poco la llamaba yo, "la perspectiva Moebius". Esto es así porque fue leyendo *El Incal* donde me di cuenta de los resultados tan efectivos que podían conseguirse con ella.

Los elementos básicos en una perspectiva lineal son los siguientes:

· **La línea de tierra**: la horizontal donde la altura es cero; el suelo, por decirlo de alguna manera.

· **La línea del horizonte**: esta línea es paralela a la primera, situada a la altura desde donde está mirando el lector.

· **El punto** o **puntos de fuga**, ya que se pueden usar hasta tres, dependiendo de las necesidades y el grado de complejidad que quieras darle a tu trabajo. Son los puntos situados en la línea del horizonte hacia donde fugan todos los elementos.

Estos tres elementos que se usan en la perspectiva lineal se combinarán además con el grosor del trazo, el detalle del dibujo (cuanta más distancia del observador, un trazo más fino y menos detallado) y la intensidad de los colores (colores más apagados cuanto más alejado esté el objeto). De este modo se crea la sensación de tridimensionalidad que busquemos en la viñeta.

En el caso de "la vista de rana", se llama así porque la línea del horizonte y los puntos de fuga están a la misma altura que la línea de tierra;

como si el observador se encontrase a la altura del suelo.

¿En qué creo que nos favorece usar este tipo de perspectiva respecto a otras? Al estar todos los elementos y personajes con el punto de altura cero, en la misma horizontal (incluso se suele usar la misma línea horizontal que delimita la viñeta como "suelo" de los propios personajes), crea un aspecto más armonioso que usando una perspectiva más próxima a la realidad, la cual puede hacer que los elementos y personajes más alejados parezcan "flotar" respecto a los más cercanos.

De un modo sencillo y con poquísimos elementos, podemos dar sensación de un gran espacio en la viñeta. Para que se entienda mejor, usaremos el siguiente ejemplo: situamos a una persona en el lado izquierdo de la viñeta ocupando tres cuartos de altura de la viñeta y a su lado dibujamos un elefante con un trazo más fino, que apenas le llegue por la rodilla. Sin necesidad de cálculos ni líneas que fuguen hacia el fondo, el lector comprende todo el espacio que hay dentro de esa viñeta.

También se puede usar en planos generales y medios donde varios personajes situados en un espacio interactúan entre sí. Gracias a esta técnica, en la viñeta se apreciará la distancia entre ellos de una manera nada artificiosa y con un resultado armónico.

Dependiendo del estilo de dibujo y narración, este recurso tendrá una utilidad distinta. Para escenas de acción o que requieran dinamismo no es aconsejable; es preferible para conversaciones, escenas de presentación o aquellos planos generales donde han de verse escenarios muy amplios.

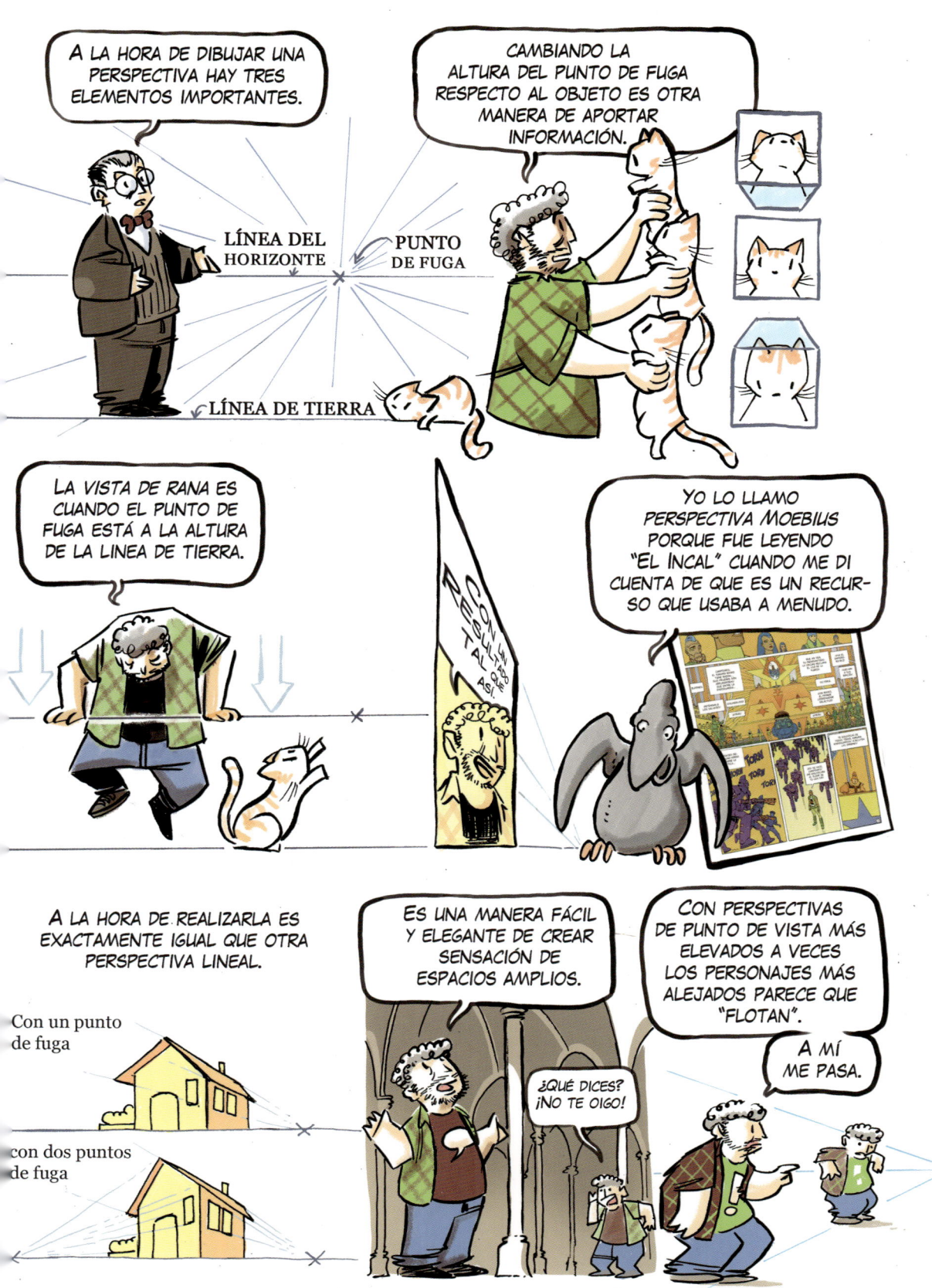

A LA HORA DE DIBUJAR UNA PERSPECTIVA HAY TRES ELEMENTOS IMPORTANTES.

LÍNEA DEL HORIZONTE

PUNTO DE FUGA

LÍNEA DE TIERRA

CAMBIANDO LA ALTURA DEL PUNTO DE FUGA RESPECTO AL OBJETO ES OTRA MANERA DE APORTAR INFORMACIÓN.

LA VISTA DE RANA ES CUANDO EL PUNTO DE FUGA ESTÁ A LA ALTURA DE LA LINEA DE TIERRA.

CON UN RESULTADO TAL QUE ASÍ.

YO LO LLAMO PERSPECTIVA MOEBIUS PORQUE FUE LEYENDO "EL INCAL" CUANDO ME DI CUENTA DE QUE ES UN RECURSO QUE USABA A MENUDO.

A LA HORA DE REALIZARLA ES EXACTAMENTE IGUAL QUE OTRA PERSPECTIVA LINEAL.

Con un punto de fuga

con dos puntos de fuga

ES UNA MANERA FÁCIL Y ELEGANTE DE CREAR SENSACIÓN DE ESPACIOS AMPLIOS.

¿QUÉ DICES? ¡NO TE OIGO!

CON PERSPECTIVAS DE PUNTO DE VISTA MÁS ELEVADOS A VECES LOS PERSONAJES MÁS ALEJADOS PARECE QUE "FLOTAN".

A MÍ ME PASA.

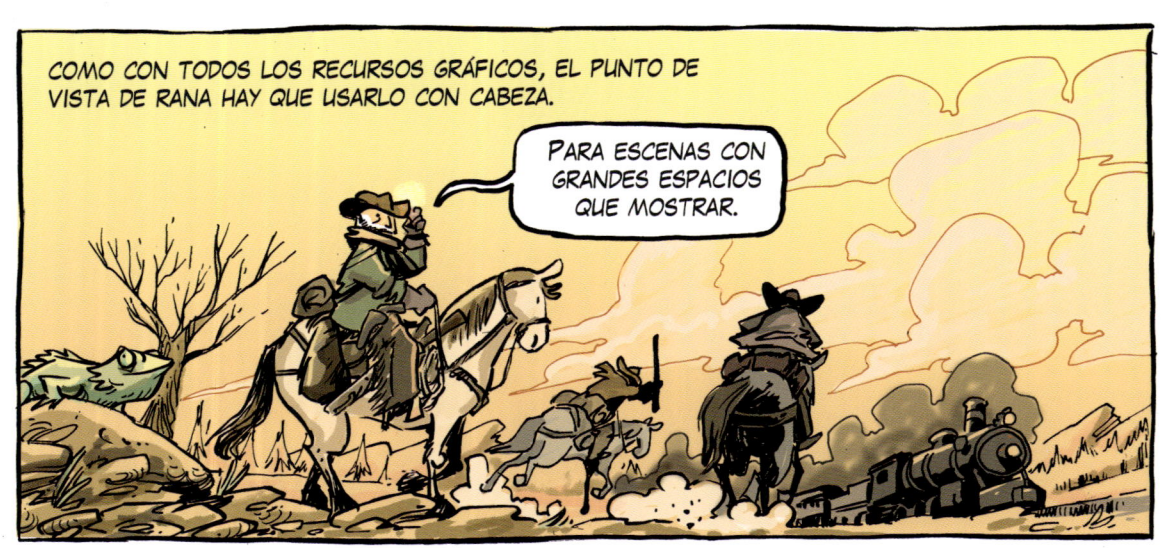

COMO CON TODOS LOS RECURSOS GRÁFICOS, EL PUNTO DE VISTA DE RANA HAY QUE USARLO CON CABEZA.

PARA ESCENAS CON GRANDES ESPACIOS QUE MOSTRAR.

TAMBIÉN EN PLANOS DE CONVERSACIÓN DE VARIOS PERSONAJES DONDE INTERESA QUE SE VEA SU POSICIÓN Y GESTUALIDAD EN UN MOMENTO EN CONCRETO.

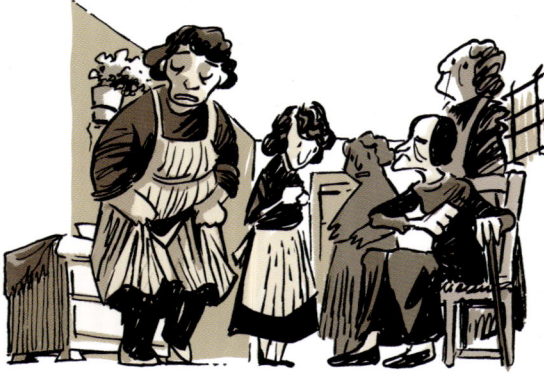

EN PLANOS MEDIOS TAMBIÉN ME GUSTA USAR ESTE PUNTO DE VISTA.

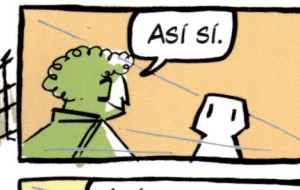

ASÍ SÍ.

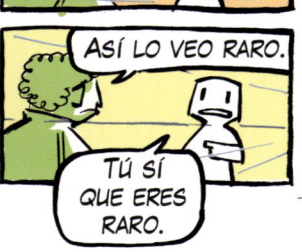

ASÍ LO VEO RARO.

TÚ SÍ QUE ERES RARO.

ADEMÁS EL MOBILIARIO Y ELEMENTOS QUE DIBUJAS EN EL FONDO TIENEN UNA PINTA CHULA, ¿NO?

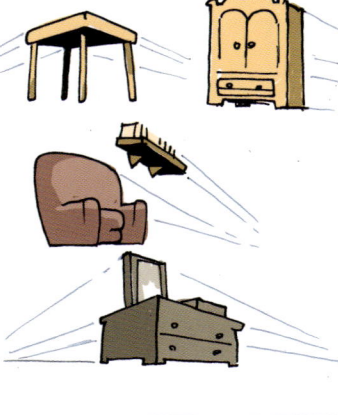

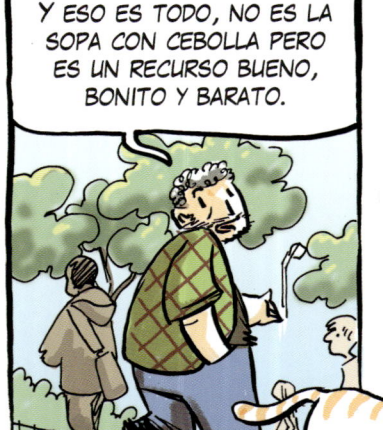

Y ESO ES TODO, NO ES LA SOPA CON CEBOLLA PERO ES UN RECURSO BUENO, BONITO Y BARATO.

ESTO ES LA MARAVILLA DEL CÓMIC, NUESTRO NOVENO ARTE, NO DEJAR DE APRENDER NUEVAS FORMAS DE CONTAR COSAS A TRAVÉS DE LAS VIÑETAS...

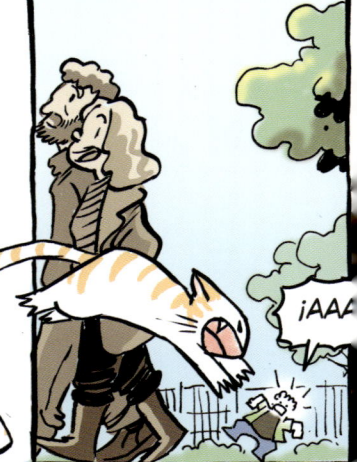

¡AAA

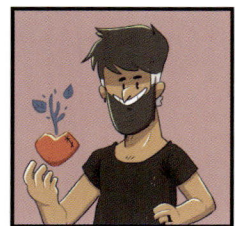

CÓMO HACER UN STORYBOARD.

El Flores

Toda idea que se quiera plasmar en algún momento debe de pasar por el boceto, o como lo vamos a tratar aquí; el **STORYBOARD**. El *storyboard* se puede usar en muchos ámbitos: en películas, series, publicidad... pero el tema que nos importa en este momento es el uso en el cómic, y vamos a tratar esto como si fuera el *story* de un cómic, por partes:

¿QUÉ ES UN *STORYBOARD*? (La idea)

El storyboard de cómic es una herramienta visual que se utiliza para planificar la narración gráfica antes de crear las páginas finales del cómic. Se compone de una serie de bocetos que representan la disposición de dónde van a ir las viñetas, los personajes que aparecen, lugares, acción... Lo importante del uso del storyboard es ayudar al artista, o equipo creativo, a visualizar el trabajo antes del resultado final.

¿PARA QUÉ SIRVE UN *STORYBOARD* EN EL CÓMIC? (La planificación)

El storyboard ayuda a organizar los dibujos y texto de una manera efectiva. Algunas de las funciones son:

- **Narrativa:** permite estructurar la historia de forma coherente y secuencial.
- **Ritmo:** ayuda a determinar los momentos de acción o pausa dentro de la obra.
- **Composición y estructura** tanto de viñetas como de páginas.
- **Guía de lectura:** por si la obra es de lectura occidental.
- **Encuadres y perspectivas:** facilita la posición de cámaras o ángulos antes de hacer los dibujos más detalladamente.

ELEMENTOS ESENCIALES DE UN *STORYBOARD*. (El Boceto)

El *storyboard* no es solo coger un papel y hacer garabatos y colocar el texto sin más. Dentro de ese boceto hay unos elementos que son claves y diría que imprescindibles:

- **Viñetas:** aunque sea lo más común, a veces se usa un guion narrativo más técnico y, en vez de usar viñetas, se usan fotogramas secuenciales. Sobre todo si aún no se tiene planificada la página.
- **Personajes:** aunque sea todo un boceto, se tiene que tener claro los personajes que van a aparecer, con sus poses y detalles básicos.
- **Anotaciones:** se incluyen casi siempre para señalar acciones o fondos.
- **Diálogos:** se determina dónde van a ir los bocadillos para que luego encajen bien en las viñetas y no tapen nada importante.
- **Efectos visuales:** líneas de movimientos, explosiones, onomatopeyas...

ORGANIZACIÓN DE UN *STORYBOARD*. (Los detalles)

Siempre que quieras organizar un storyboard tienes que tener en cuenta varios trucos:

- **Piensa** siempre en lo más básico que puedas.
- **Juega** con la narrativa y las viñetas.
- Ten presente siempre la colocación de los bocadillos y el texto.
- Aunque todo sean bocetos rápidos, ten claro qué es lo que hay en cada página, no sería la primera vez que se tiene que repetir varias páginas porque no se sabe lo que dibujó en ellas...

CONCLUSIONES FINALES.

El *storyboard* sirve de guía para el resultado final, pero también ayuda mucho para presentar ideas de proyecto a editoriales, por ejemplo. Sin duda llaman más la atención unas páginas terminadas, pero el *story* te sirve como visión de esa idea. Lo cierto es que no hay una forma concreta de hacer un *storyboard*, cada autor o autora tiene su forma más práctica y sencilla para ellos. Tan solo hay que tener presente y clara una cosa: toda historia tiene un storyboard, hasta nuestra propia historia.

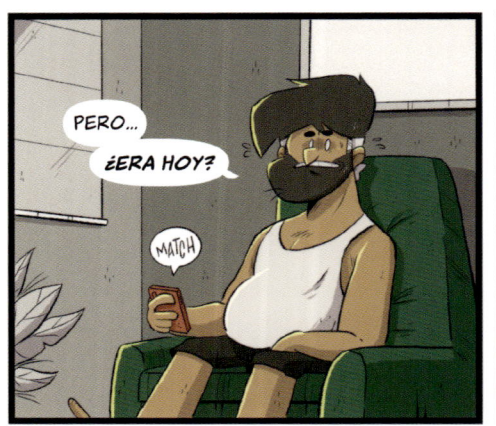

PERO...

¿ERA HOY?

MATCH

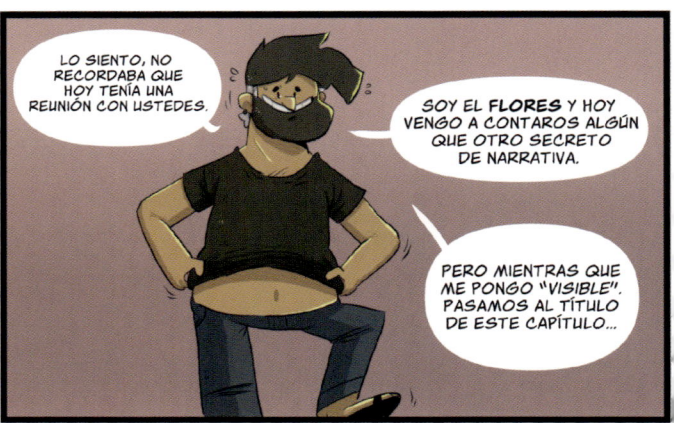

LO SIENTO, NO RECORDABA QUE HOY TENÍA UNA REUNIÓN CON USTEDES.

SOY EL **FLORES** Y HOY VENGO A CONTAROS ALGÚN QUE OTRO SECRETO DE NARRATIVA.

PERO MIENTRAS QUE ME PONGO "VISIBLE". PASAMOS AL TÍTULO DE ESTE CAPÍTULO...

COMO HACER UN STORYBOARD

PERO

¿¡NO ESTÁ NI TERMINADO?!

ES QUE LO TENÍA COMO BOCETO DEL **STORYBOARD** AÚN...

(Y TAMBIÉN DOY UN TOQUE AL TEMA QUE VOY A TRATAR...)

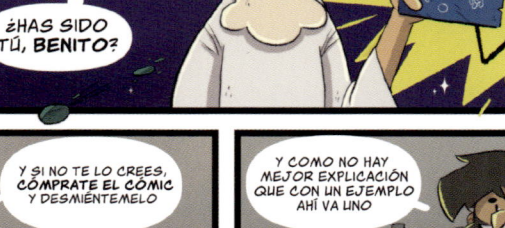

EN SERIE, PELÍCULAS, ANUNCIOS, CÓMICS... EL **STORYBOARD** SE PUEDE USAR EN MUCHOS SECTORES...

¿QUIÉN NO HA SEGUIDO EL **STORYBOARD** DEL COMIENZO DEL UNIVERSO?

¿HAS SIDO TÚ, **BENITO**?

BOOM

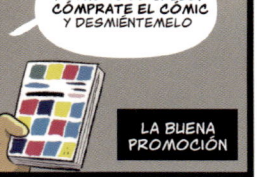

EXISTEN MUCHOS SECRETOS NARRATIVOS GRÁFICOS QUE SE PUEDE APLICAR AL CÓMIC, PERO CREO QUE ESTE ES EL PRIMERO Y EL MÁS IMPORTANTE.

Y SI NO TE LO CREES, **CÓMPRATE EL CÓMIC** Y DESMIÉNTEMELO

LA BUENA PROMOCIÓN

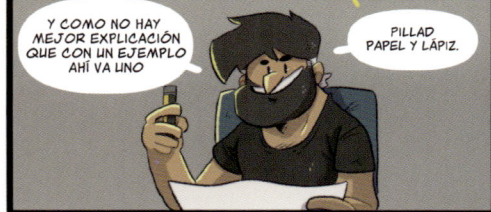

Y COMO NO HAY MEJOR EXPLICACIÓN QUE CON UN EJEMPLO AHÍ VA UNO

PILLAD PAPEL Y LÁPIZ.

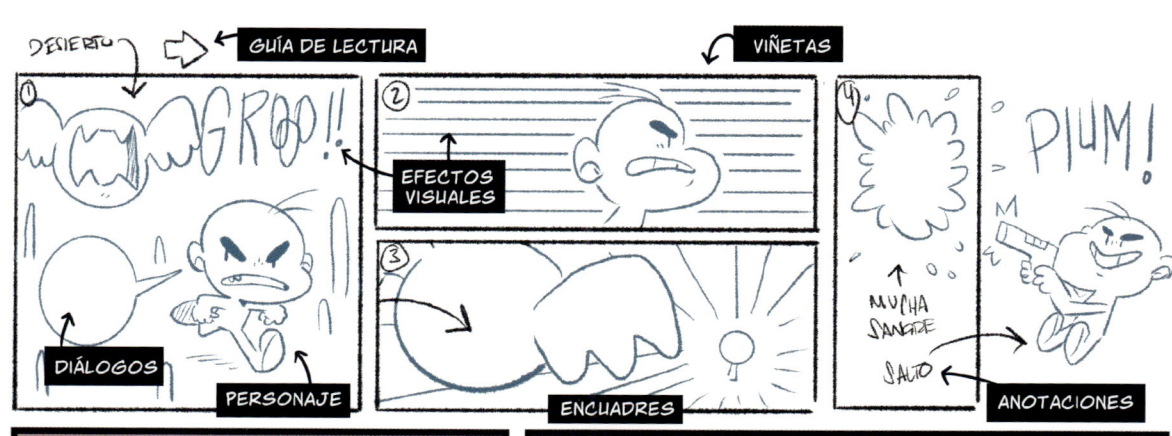

DESIERTO → GUÍA DE LECTURA

VIÑETAS

EFECTOS VISUALES

DIÁLOGOS

PERSONAJE

ENCUADRES

ANOTACIONES

MUCHA SANGRE

SALTO

PIUM!

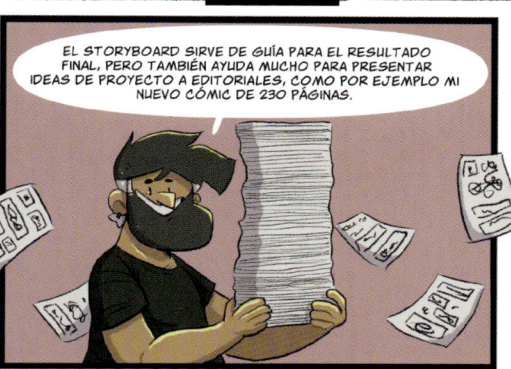

EL STORYBOARD SIRVE DE GUÍA PARA EL RESULTADO FINAL, PERO TAMBIÉN AYUDA MUCHO PARA PRESENTAR IDEAS DE PROYECTO A EDITORIALES, COMO POR EJEMPLO MI NUEVO CÓMIC DE 230 PÁGINAS.

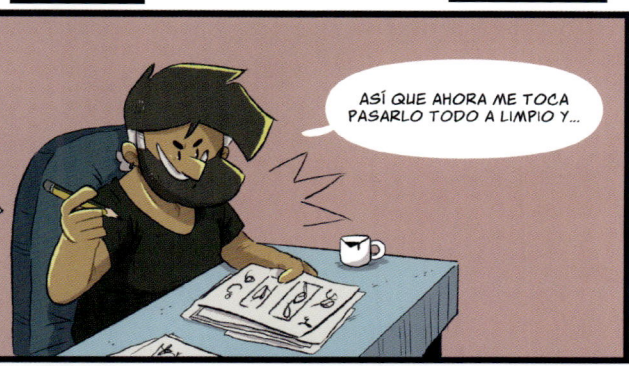

ASÍ QUE AHORA ME TOCA PASARLO TODO A LIMPIO Y...

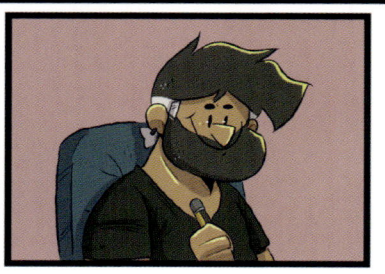

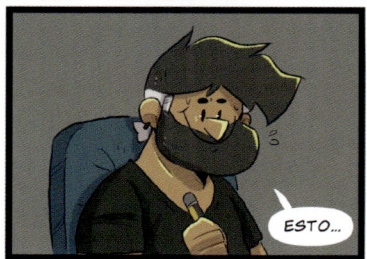

ESTO...

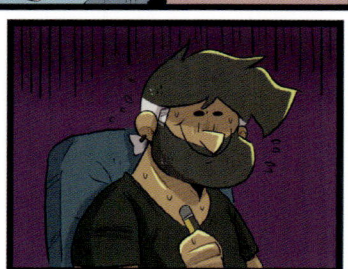

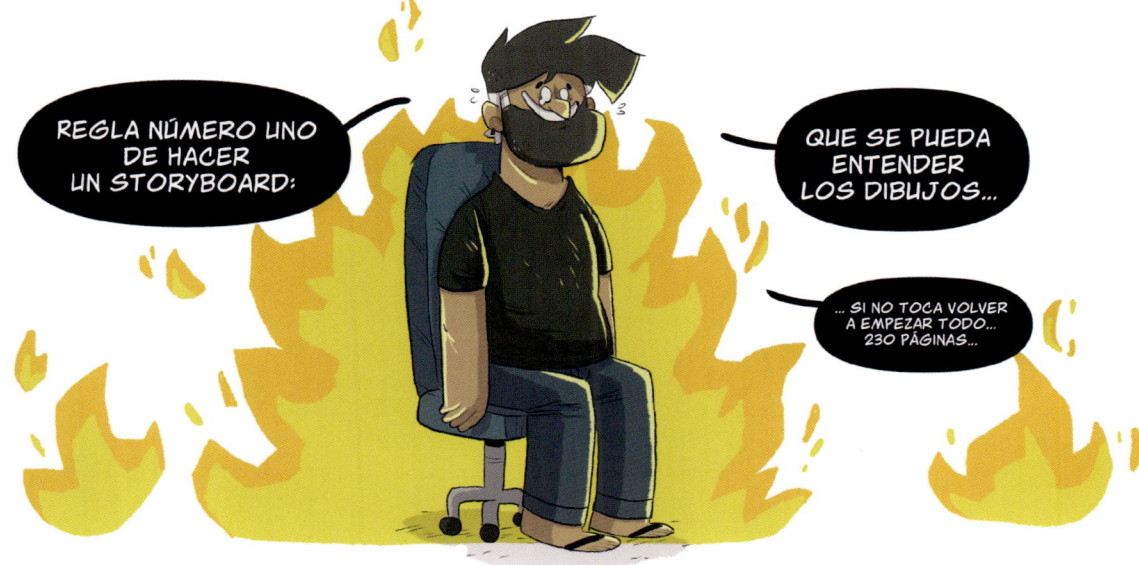

REGLA NÚMERO UNO DE HACER UN STORYBOARD:

QUE SE PUEDA ENTENDER LOS DIBUJOS...

... SI NO TOCA VOLVER A EMPEZAR TODO... 230 PÁGINAS...

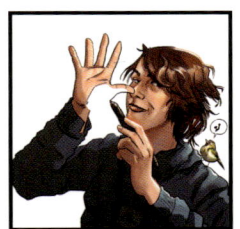

VIÑETAS: MÁS ALLÁ DEL CUADRADO.
Zoraida Zaro

Cuando alguien dice "viñeta", la representación mental automática es un cuadrado bien delimitado, con bordes marcados, que contiene un dibujo, o siendo más precisos: un instante de una historia, un segmento de acción representado gráficamente. Podríamos decir que la viñeta es nuestra Unidad Mínima de Medida del cómic.

Cuando comenzamos a dibujar historietas, a menudo nos centramos en cuestiones como perspectiva, anatomía, entintado, color o rotulación, pero no es raro que prestemos poca o ninguna atención a las viñetas entendidas como contenedor de esos elementos. Y este descuido tiene importancia porque el tamaño, la forma y el estilo de las viñetas afectan al ritmo de la narración: por muy buena que sea nuestra historia o nuestro dibujo, si el ritmo falla, no vamos a mantener la atención de quien lee. Que las viñetas fluyan entre sí de manera que la lectura sea ágil, intuitiva y avance en la narración es fundamental para que ese interés no decaiga.

Pienso en el ritmo narrativo como una batería (de las musicales, no de las de cargar cacharros): tienen que haber acentos, redobles, síncopas, aceleración, deceleración. Resumiendo: combinación de recursos, variedad. Incluso si decidimos que vamos a "tocar" un ritmo básico en una historieta corta, podemos buscar la manera de que ese ritmo sea pegadizo y memorable, algo así como una canción de los Ramones pasada a narración secuencial. En mi cabeza, el equivalente sería cualquier historia corta de Mignola (*Tortitas* o *El mago y la serpiente*, por ejemplo): todas sus viñetas son ortogonales, apenas recurre a la viñeta insertada en un par de ocasiones, pero la alternancia de viñetas verticales, horizontales y cuadradas funciona con eficiencia incontestable y casi puedes oír un metrónomo a medida que lees. Las viñetas fluyen gracias a esa alternancia. Demasiadas viñetas seguidas con el mismo tamaño y forma hacen la narración repetitiva y **ESTÁTICA**. Lo pongo así de grande porque aunque quizá

sea algo que quieras usar en algún momento como recurso puntual, en líneas generales, estático es **ABURRIDO** y repetitivo es **AÚN PEOR**.

Entonces, ¿qué tenemos a mano?

· La **VIÑETA CUADRADA** sería nuestro básico, el fondo de armario. Las viñetas **RECTANGULARES HORIZONTALES** a menudo se usan para introducirnos en la historia con un paisaje, una vista general... nos dan contexto. La **RECTANGULAR VERTICAL** suele mostrarnos cosas que suceden en esos contextos. Las **CIRCULARES** son especialmente socorridas para llamar la atención sobre algo o alguien en concreto. Remiten al imaginario de la lupa o el foco.

· Las **OBLICUAS** o **DIAGONALES** son especialmente útiles para mostrar movimiento, dinamismo: lo mismo te sirven para una persecución, para una pelea o para momentos de tensión. Las IRREGULARES (tipo "estrelladas") además nos sirven para destacar algo en particular.

· Las viñetas **SUPERPUESTAS** y las **INSERTADAS** (una dentro de otra) nos dan transiciones interesantes y más fluidas.

· Las viñetas **ROTAS**, en las que un personaje u objeto sobresale del margen roto, nos sirven para enfatizarlo.

· Las viñetas **A SANGRE** nos permiten una mayor ilusión de inmersión y dar más aire a la página, al igual que las **ABIERTAS** o **SIN MARGEN**.

· Las **SPLASH PAGES**, viñetas a página completa o a doble permiten puestas en escena con mucho dramatismo.

· Las de **BORDES DIFUSOS** sirven para flashbacks y sueños.

· Las **EXPERIMENTALES**: deformadas, licuadas, que juegan con los planos, cruzadas, diluidas, en espiral... todo lo que se te ocurra. Aquí el campo de juego y las posibilidades son inagotables.

Recuerda que el tipo de viñetas que uses ha de estar basado en lo que quieras contar: en si quieres crear suspense, tensión, si necesitas introspección o una acción veloz... ¡experimenta, combina diferentes opciones!

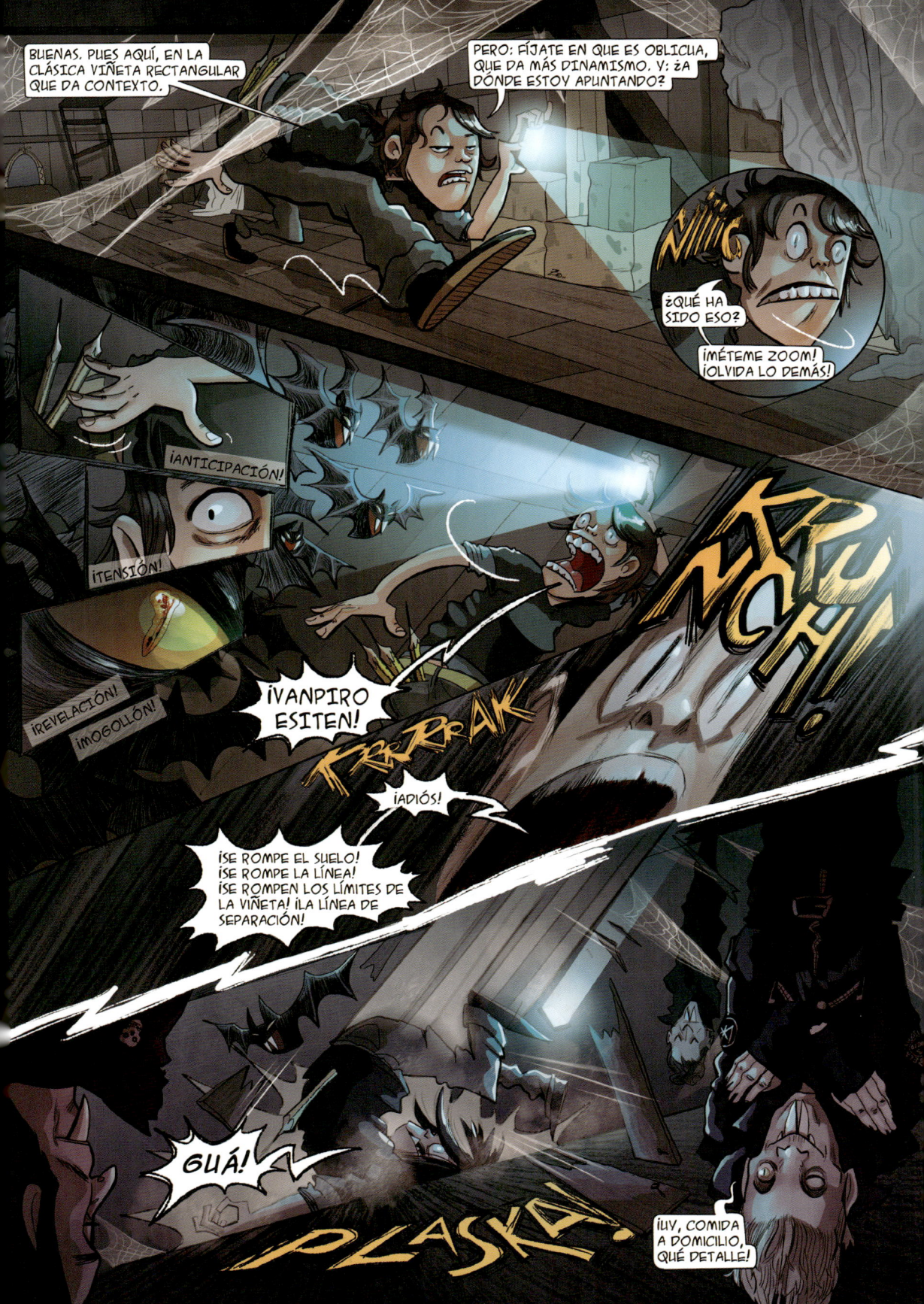

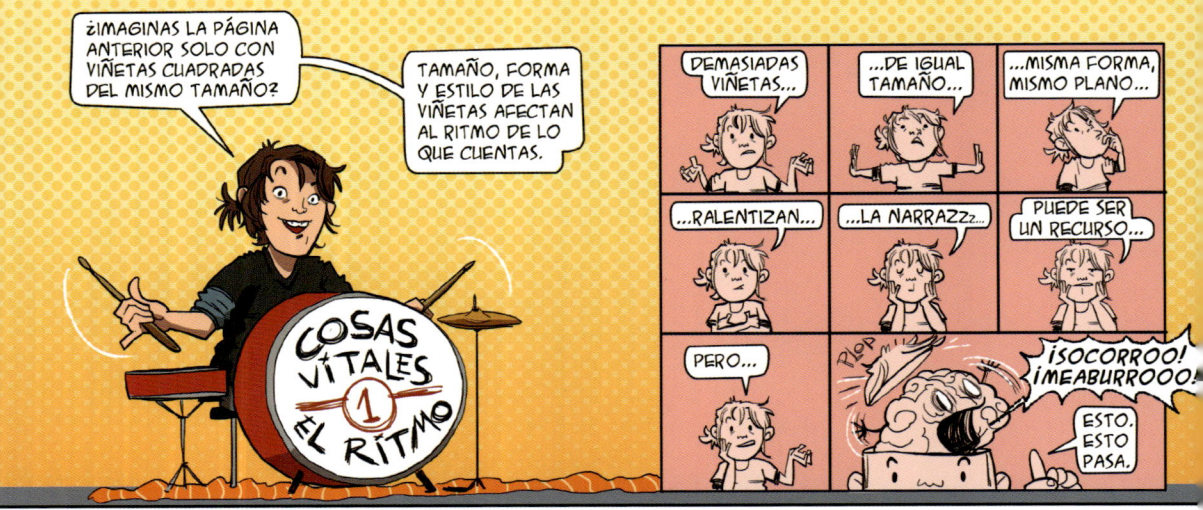

¿IMAGINAS LA PÁGINA ANTERIOR SOLO CON VIÑETAS CUADRADAS DEL MISMO TAMAÑO?

TAMAÑO, FORMA Y ESTILO DE LAS VIÑETAS AFECTAN AL RITMO DE LO QUE CUENTAS.

DEMASIADAS VIÑETAS...

...DE IGUAL TAMAÑO...

...MISMA FORMA, MISMO PLANO...

...RALENTIZAN...

...LA NARRAZZ...

PUEDE SER UN RECURSO...

PERO...

PLOP

¡SOCORROO! ¡MEABURROOO!

ESTO. ESTO. PASA.

COSAS VITALES ① EL RITMO

② EL PRINCIPIO "DUNE"

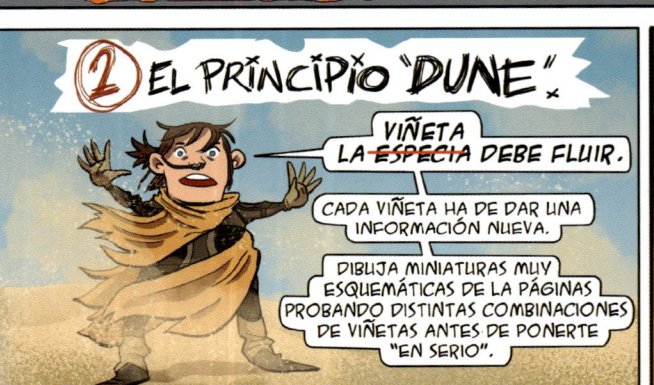

VIÑETA ~~LA ESPECIA~~ DEBE FLUIR.

CADA VIÑETA HA DE DAR UNA INFORMACIÓN NUEVA.

DIBUJA MINIATURAS MUY ESQUEMÁTICAS DE LA PÁGINAS PROBANDO DISTINTAS COMBINACIONES DE VIÑETAS ANTES DE PONERTE "EN SERIO".

③ EL PRINCIPIO "VELASKE, YO SOI WAPA?"

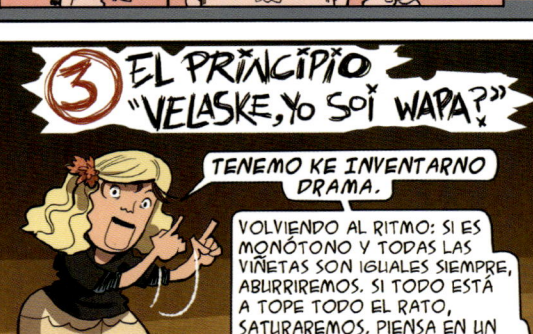

TENEMO KE INVENTARNO DRAMA.

VOLVIENDO AL RITMO: SI ES MONÓTONO Y TODAS LAS VIÑETAS SON IGUALES SIEMPRE, ABURRIREMOS. SI TODO ESTÁ A TOPE TODO EL RATO, SATURAREMOS. PIENSA EN UN MUELLE QUE HAY QUE TENSAR Y DESTENSAR SIN QUE SE QUEDE IRRECUPERABLE.

LA PÁGINA ES UN CUBO DE RUBIK EN EL QUE ENCAJAR LAS VIÑETAS HACIENDO GIRAR LOS RESORTES NARRATIVOS HASTA DAR CON LA COMBINACIÓN ADECUADA. EL TIPO DE VIÑETAS Y CÓMO LAS DISPONGAS DEBERÍA BASARSE EN LO QUE QUIERAS CONTAR. YO DIRÍA QUE LA CLAVE, COMO EN LOS BOCATAS, ESTÁ EN LA COMBINACIÓN DE INGREDIENTES.

ALGUNOS TIPOS;

VIÑETAS REGULARES ORTOGONALES

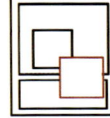

| ACCIÓN | CONTEXTO |
| | FOCO ATENCIÓN |

VIÑETAS ABIERTAS Y/O A SANGRE:

SIN MÁRGENES (P.E: BORDES DIFUSOS PARA "FLASHBACKS", ONIRISMOS, ESTADOS DE CONSCIENCIA ALTERADOS) Y/O OCUPANDO HASTA "MÁS ALLÁ" DEL CORTE, COMO EN ESTAS 2 PÁGINAS.

VIÑETA INSERTADA/SUPERPUESTA

LA INSERTADA MUESTRA UN DETALLE O ALGO QUE OCURRE SIMULTÁNEAMENTE EN UNA ESCENA. LA SUPERPUESTA CREA TRANSICIONES INTERESANTES Y MÁS FLUIDAS.

VIÑETAS EXPERIMENTALES O INCLASIFICABLES.

VIÑETAS DISTORSIONADAS EN PERSPECTIVA, JUGANDO CON TRIMINSEIONALIDAD, CRUZADAS, "DILUIDAS", EN ESPIRAL... ¡CAMPO DE JUEGO INFINITO!

VIÑETAS IRREGULARES OBLICUAS

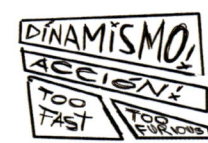

DINAMISMO! ACCIÓN! TOO FAST TOO FURIOUS

VIÑETA IRREGULAR

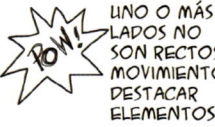

POW!

UNO O MÁS LADOS NO SON RECTOS MOVIMIENTO DESTACAR ELEMENTOS

VIÑETA ROTA

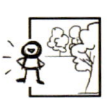

PERSONAJE U OBJETO SUPERPUESTO AL MARGEN, DESTACANDO.

SPLASH

VIÑETAS QUE OCUPAN TODA LA PÁGINA O UNA DOBLE PÁGINA.

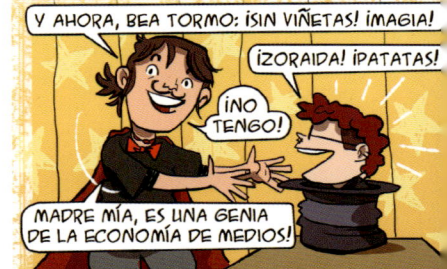

Y AHORA, BEA TORMO: ¡SIN VIÑETAS! ¡MAGIA!

¡ZORAIDA! ¡PATATAS!

¡NO TENGO!

MADRE MÍA, ES UNA GENIA DE LA ECONOMÍA DE MEDIOS!

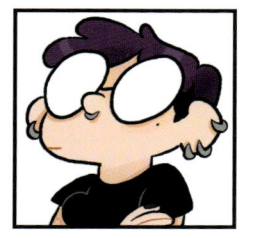

COMPONER SIN VIÑETAS.

Bea Tormo

El **cómic** es un medio de narración gráfica donde el dibujo acompaña siempre a un guion, pero ¿qué ocurre cuándo prescindimos de detalles para centrarnos solamente en lo que estamos contando?

Se ha explicado cómo se compone con viñetas, rompiendo las viñetas, pero también es posible realizar **un cómic sin viñetas**, un cómic donde todos los elementos floten en el espacio sin un fondo ni unos límites concretos. Suena caótico, pero si se hace correctamente puede ser un recurso bastante divertido y llamativo.

Esta técnica es usada en cómic autobiográfico, tiras periodísticas, humor gráfico… y resulta bastante útil para resumir lo que quieras contar con el mínimo posible pero el máximo impacto.

Admitámoslo, los cómics que tienen mucho texto da mucha pereza leerlos, así que vamos a crear una composición atractiva y dinámica para que haya un punto de interés al plantarte frente a una página que solo tiene rotulación y cuatro dibujos desperdigados por el papel, flotando en la nada, sin elementos de distracción.

¿Por dónde empezar? El folio en blanco da terror así que vamos a pensar un título, un dibujo, un elemento gráfico sobre el que partir. Tenemos que tener muy en cuenta la dirección de lectura para crear el espacio o todo se perderá en un sinsentido. La vista hace el recorrido naturalmente así que revisa adonde te guía la mirada para recolocar los elementos correctamente.

Siguiendo esa línea imaginaria tendremos que poner tanto viñetas como personajes distribuidos por el folio, hay que intentar llenar los huecos con detalles, siempre entre que no queden espacios vacíos y sin recargarlo demasiado.

En realidad la clave está en quitar y poner hasta que sea legible. Es el mejor consejo que puedo dar realmente.

Simplifica los personajes y los fondos si es que tienes que dar contexto, crea formas dinámicas que se adapten a la forma de la lectura para enriquecer la página y sobre todo resume tus textos.

Aunque la página parezca plagada de texto, este tiene que ser corto y directo siempre o agotaremos visualmente al lector. Usa flechas, círculos, subraya… usa lo que creas conveniente para destacar alguna cosa de tu página siempre y cuando tenga realmente importancia y no sea como relleno. Para eso usa detalles que tengan que ver con el dibujo y coloca onomatopeyas o pequeñas expresiones fuera de los bocadillos.

Dibujar elementos de relleno no está prohibido, pero siempre en su justa medida.

Es muy posible que, una vez acabes y revises la página, tengas que recolocar texto y dibujo unas cuantas veces. Sí, este tipo de cosas ocurren. Ya tengan viñetas o no, el dibujar cómic es un camino lleno de baches y aprendizaje constante. Puedes gruñir todo lo que quieras pero sabes que si quieres hacer algo bueno tienes que repetirlo las veces que hagan falta.

Si lo has hecho correctamente (aunque no sea a la primera) tendrás una bonita página que llame la atención, de lo contrario será un amasijo de letras que nadie querrá leer. Tómate tu tiempo, respira hondo y disfruta del camino. En algún momento se hace intuitivamente y es muy satisfactorio.

Créeme, he tenido que explicar cómo dibujaba y no tenía la más mínima idea.

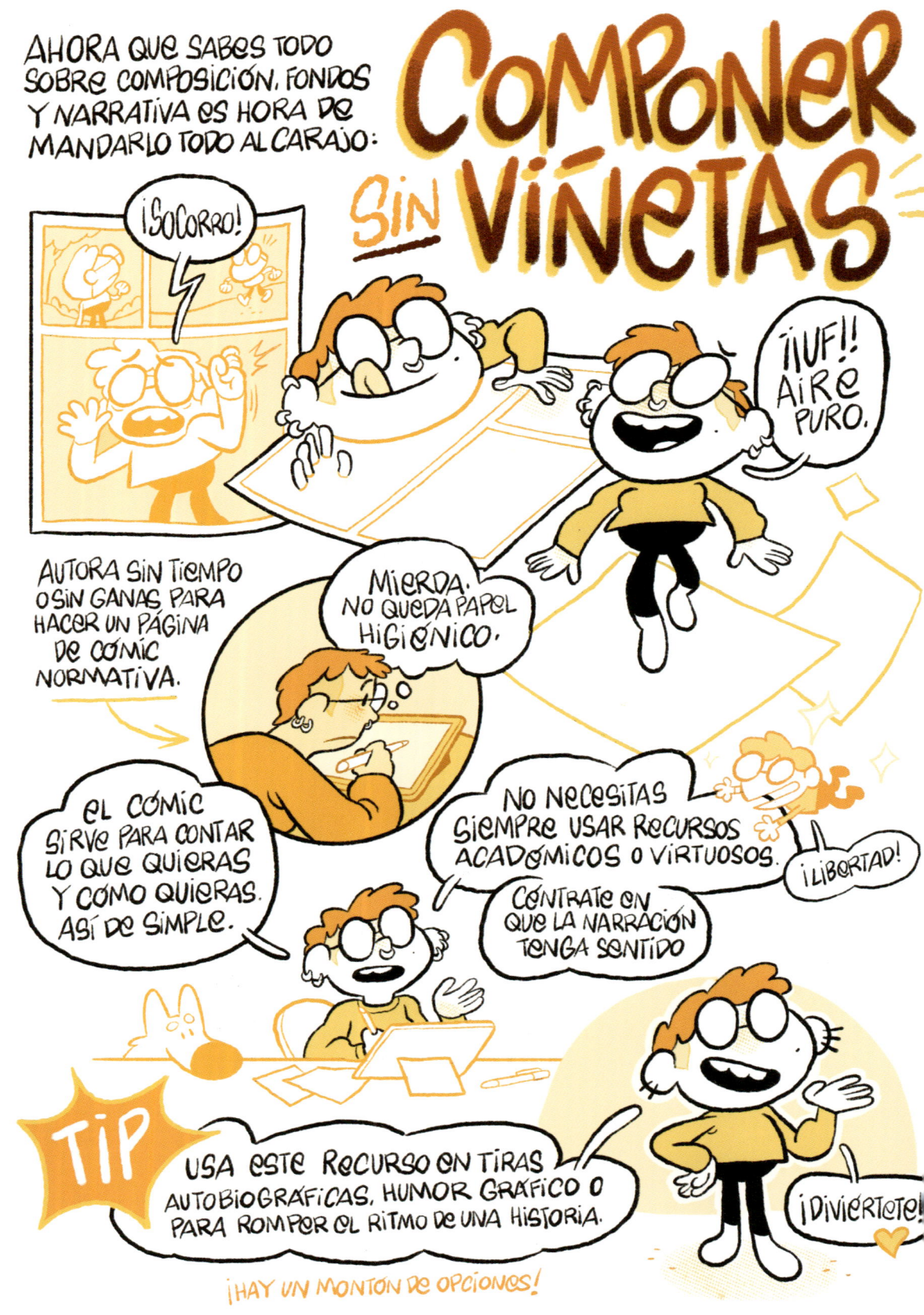

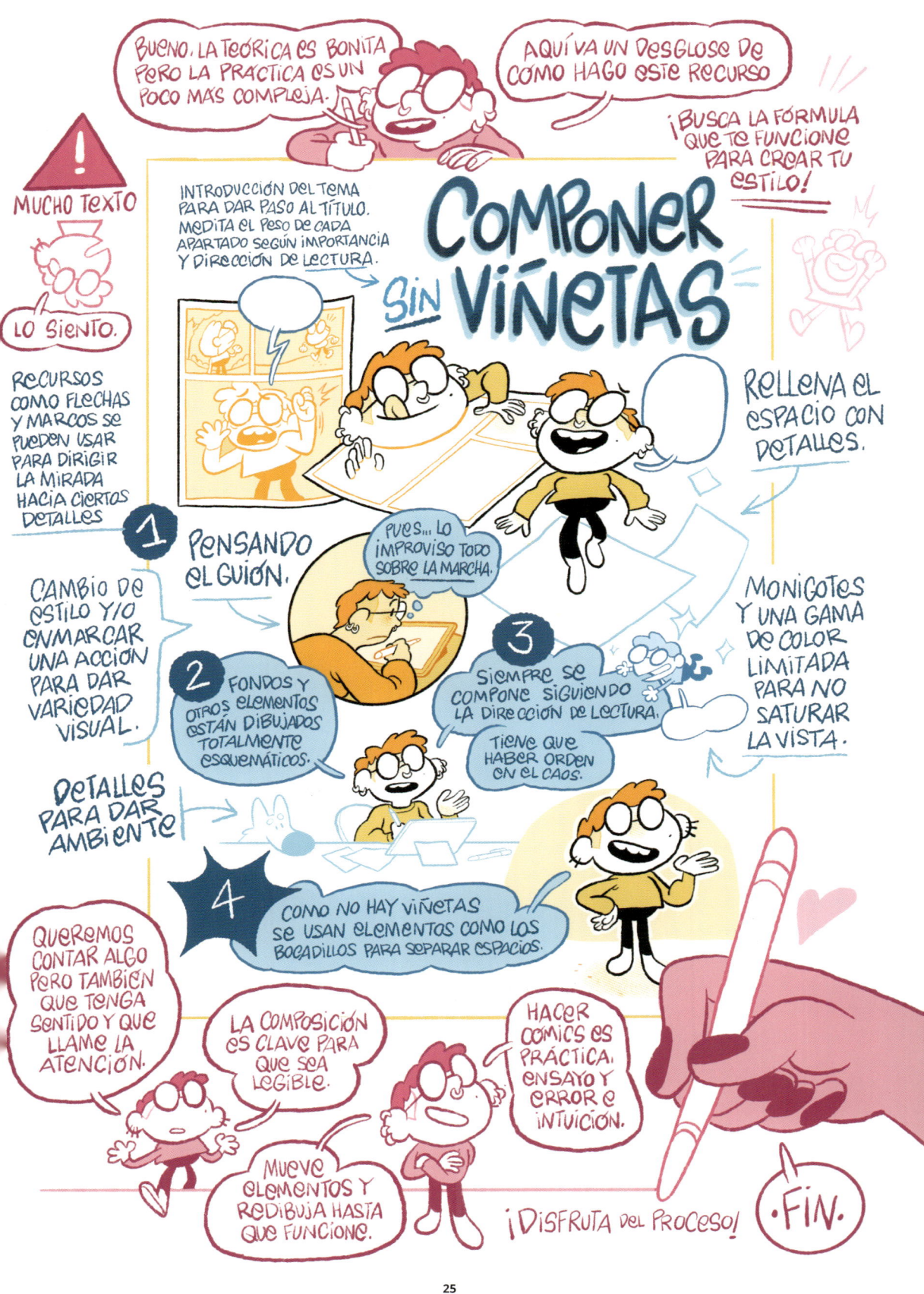

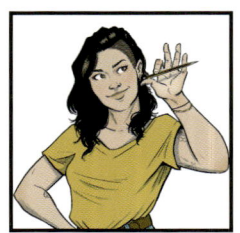

FLASHBACK
Y CÓMO REPRESENTAR OTROS TIEMPOS GRÁFICOS.
Gema Over

En el cómic, al igual que en diferentes narrativas, existe un recurso principalmente de guion, en el cual se quiere representar un espacio temporal que no corresponde al presente de la propia narración. Se le llama **salto temporal**, y existen dos tipos de saltos diferentes: el *flashback* y el *flashforward*. Para explicarlo brevemente, *flashback* es cuando mostramos un hecho que ocurrió en el pasado. Lo contrario que el *flashforward*, que narra algo que va a suceder en el futuro de la lectura.

Y aunque se trata de guion, una buena técnica gráfica puede mejorar (o fastidiar) una historia. También hay que tener en cuenta el momento en el que haces el salto, pero como ya he comentado esa es una cuestión de guion.

Se pueden usar todas las herramientas del propio cómic: desde la página hasta el bocadillo.

Tenemos que visualizar que el objetivo es comunicar al lector que no estamos en el tiempo que corresponde de la historia, y a no ser que queramos confundir adrede... Tenemos que transmitirle y dejarle muy claro que estamos en un salto temporal, y que la acción que vamos a narrar tiene (o va a tener) consecuencias en la propia historia.

El color de la página: un color base que sea diferente al resto de páginas, hace que de inmediato el lector detecte un cambio en la lectura, por lo que ya le pone en alerta. Este recurso puede ser sencillo, y aparte se puede combinar con el siguiente elemento, la viñeta.

Con la viñeta, hay muchas posibilidades: una de las más usadas es el bordeado. Depende de cómo la hayas dibujado, se crea el salto temporal con el tipo de marco o la ausencia de este.

O hacer diferentes estilos: dándole una forma de nube, con tramas, a rayas, o dejando que el propio dibujo de la viñeta se corte.

O si narramos un periodo histórico que ocurre mucho tiempo atrás de la historia, podemos usarlo a nuestro favor: si contamos una historia actual pero nos trasladamos al siglo XIX, podemos usar una textura que recuerde una fotografía antigua, dependiendo del guion. Y podemos jugar con el color: en estos casos usar un color menos saturado o monocromo suele ser el recurso más utilizado.

También puedes adaptar el dibujo: dependiendo de la lucidez del *flashback*, puedes hacerlo más realista. O uno borroso, cuando es *cartoon* o usar bocetos, incluso copiar el estilo.

¿Acaso este dibujo no os recuerda a algo que habéis leído antes?

En cambio, en un *flashforward* podemos jugar con la abstracción del dibujo y usar otros elementos que se diferencien del *flashback*: líneas blancas o diagonales, partir el dibujo, o colores más o menos saturados...

Y al igual que la viñeta, todo se puede trasladar al bocadillo y su rotulación: un tipo de bocadillo que concuerde con el estilo del salto, hace que se integre todo.

O usar una caja de información si el narrador es una *voz en off*.

Al final, es crear un código gráfico que explique que no estamos en el presente.

A Marcus: no te comas eso.

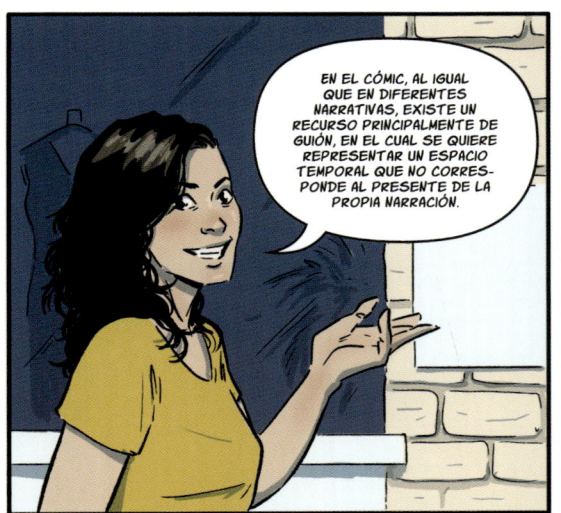

EN EL CÓMIC, AL IGUAL QUE EN DIFERENTES NARRATIVAS, EXISTE UN RECURSO PRINCIPALMENTE DE GUIÓN, EN EL CUAL SE QUIERE REPRESENTAR UN ESPACIO TEMPORAL QUE NO CORRESPONDE AL PRESENTE DE LA PROPIA NARRACIÓN.

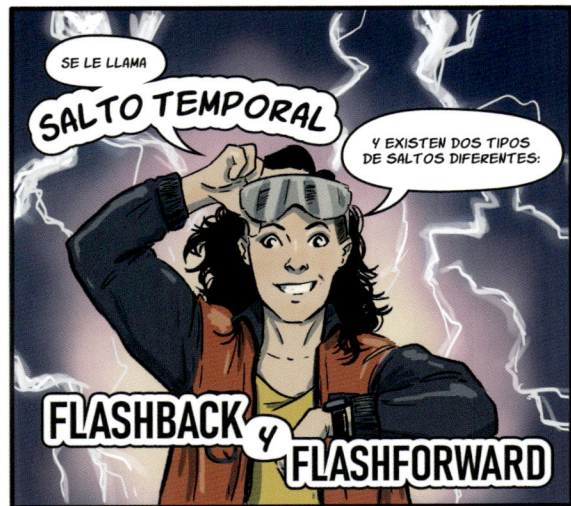

SE LE LLAMA SALTO TEMPORAL

Y EXISTEN DOS TIPOS DE SALTOS DIFERENTES:

FLASHBACK Y FLASHFORWARD

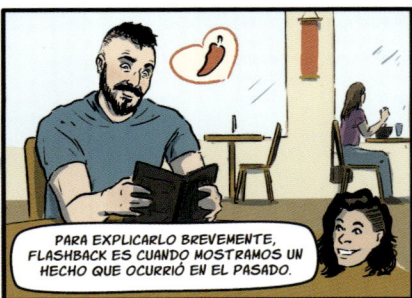

PARA EXPLICARLO BREVEMENTE, FLASHBACK ES CUANDO MOSTRAMOS UN HECHO QUE OCURRIÓ EN EL PASADO.

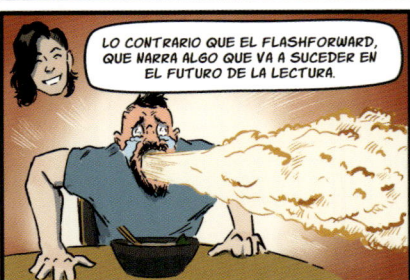

LO CONTRARIO QUE EL FLASHFORWARD, QUE NARRA ALGO QUE VA A SUCEDER EN EL FUTURO DE LA LECTURA.

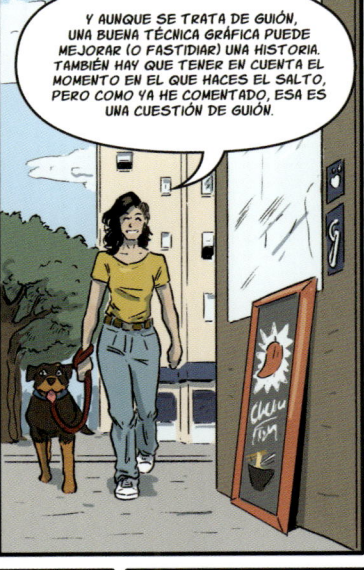

Y AUNQUE SE TRATA DE GUIÓN, UNA BUENA TÉCNICA GRÁFICA PUEDE MEJORAR (O FASTIDIAR) UNA HISTORIA. TAMBIÉN HAY QUE TENER EN CUENTA EL MOMENTO EN EL QUE HACES EL SALTO, PERO COMO YA HE COMENTADO, ESA ES UNA CUESTIÓN DE GUIÓN.

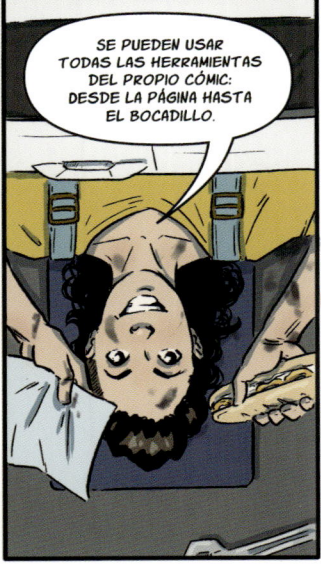

SE PUEDEN USAR TODAS LAS HERRAMIENTAS DEL PROPIO CÓMIC: DESDE LA PÁGINA HASTA EL BOCADILLO.

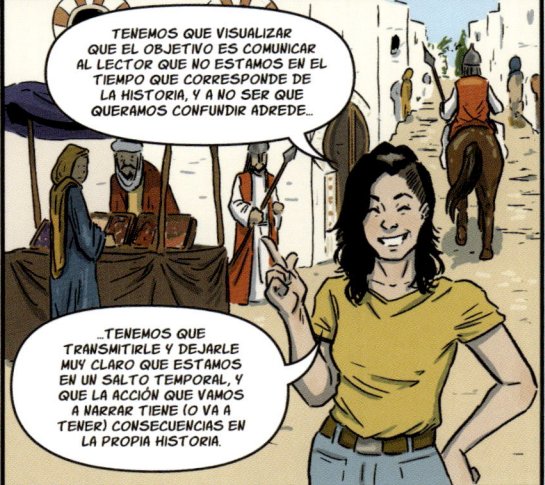

TENEMOS QUE VISUALIZAR QUE EL OBJETIVO ES COMUNICAR AL LECTOR QUE NO ESTAMOS EN EL TIEMPO QUE CORRESPONDE DE LA HISTORIA, Y A NO SER QUE QUERAMOS CONFUNDIR ADREDE...

...TENEMOS QUE TRANSMITIRLE Y DEJARLE MUY CLARO QUE ESTAMOS EN UN SALTO TEMPORAL, Y QUE LA ACCIÓN QUE VAMOS A NARRAR TIENE (O VA A TENER) CONSECUENCIAS EN LA PROPIA HISTORIA.

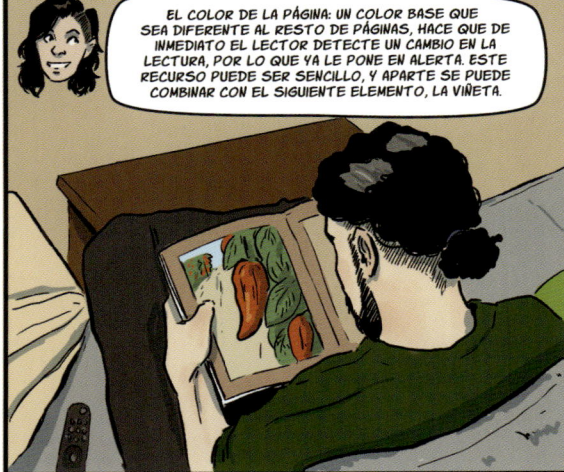

EL COLOR DE LA PÁGINA: UN COLOR BASE QUE SEA DIFERENTE AL RESTO DE PÁGINAS, HACE QUE DE INMEDIATO EL LECTOR DETECTE UN CAMBIO EN LA LECTURA, POR LO QUE YA LE PONE EN ALERTA. ESTE RECURSO PUEDE SER SENCILLO, Y APARTE SE PUEDE COMBINAR CON EL SIGUIENTE ELEMENTO, LA VIÑETA.

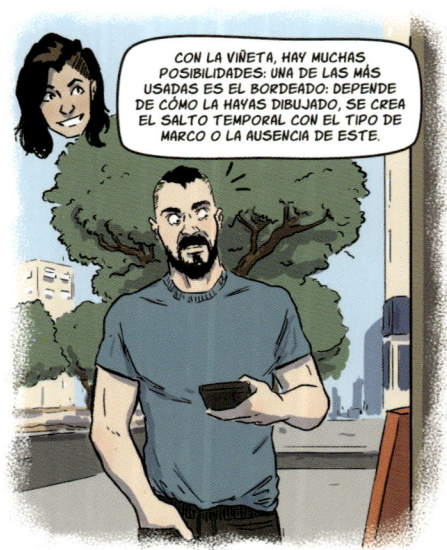

CON LA VIÑETA, HAY MUCHAS POSIBILIDADES: UNA DE LAS MÁS USADAS ES EL BORDEADO: DEPENDE DE CÓMO LA HAYAS DIBUJADO, SE CREA EL SALTO TEMPORAL CON EL TIPO DE MARCO O LA AUSENCIA DE ESTE.

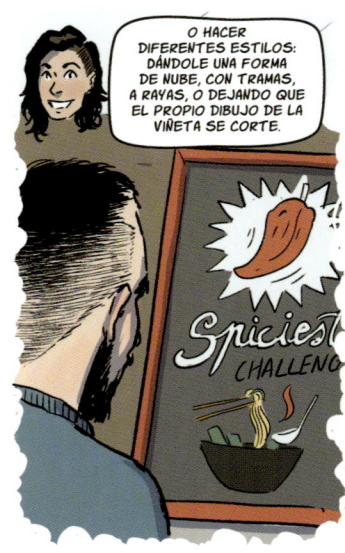

O HACER DIFERENTES ESTILOS: DÁNDOLE UNA FORMA DE NUBE, CON TRAMAS, A RAYAS, O DEJANDO QUE EL PROPIO DIBUJO DE LA VIÑETA SE CORTE.

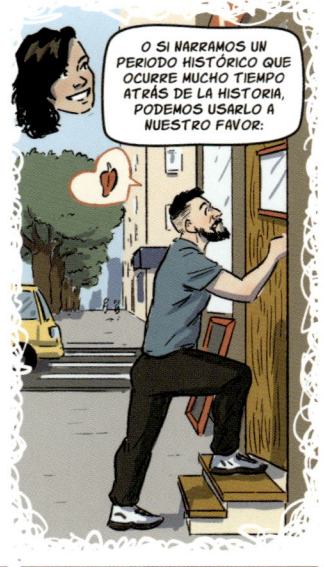

O SI NARRAMOS UN PERIODO HISTÓRICO QUE OCURRE MUCHO TIEMPO ATRÁS DE LA HISTORIA, PODEMOS USARLO A NUESTRO FAVOR:

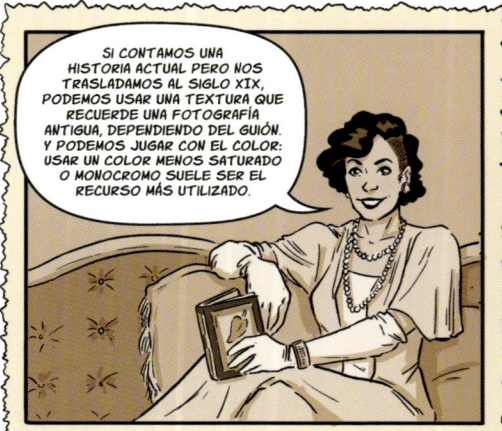

SI CONTAMOS UNA HISTORIA ACTUAL PERO NOS TRASLADAMOS AL SIGLO XIX, PODEMOS USAR UNA TEXTURA QUE RECUERDE UNA FOTOGRAFÍA ANTIGUA, DEPENDIENDO DEL GUIÓN. Y PODEMOS JUGAR CON EL COLOR: USAR UN COLOR MENOS SATURADO O MONOCROMO SUELE SER EL RECURSO MÁS UTILIZADO.

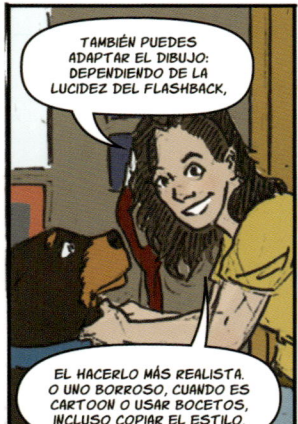

TAMBIÉN PUEDES ADAPTAR EL DIBUJO: DEPENDIENDO DE LA LUCIDEZ DEL FLASHBACK,

EL HACERLO MÁS REALISTA. O UNO BORROSO, CUANDO ES CARTOON O USAR BOCETOS, INCLUSO COPIAR EL ESTILO.

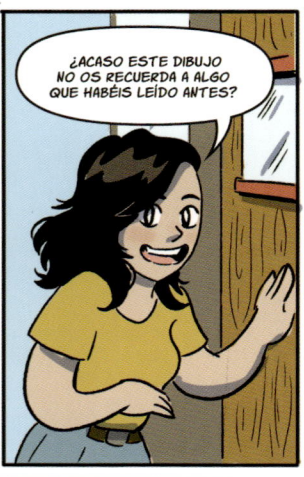

¿ACASO ESTE DIBUJO NO OS RECUERDA A ALGO QUE HABÉIS LEÍDO ANTES?

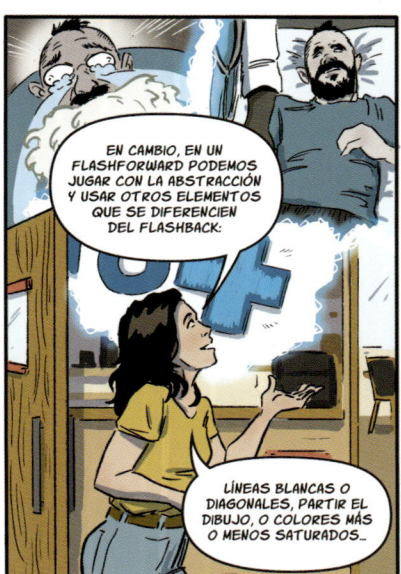

EN CAMBIO, EN UN FLASHFORWARD PODEMOS JUGAR CON LA ABSTRACCIÓN Y USAR OTROS ELEMENTOS QUE SE DIFERENCIEN DEL FLASHBACK:

LÍNEAS BLANCAS O DIAGONALES, PARTIR EL DIBUJO, O COLORES MÁS O MENOS SATURADOS...

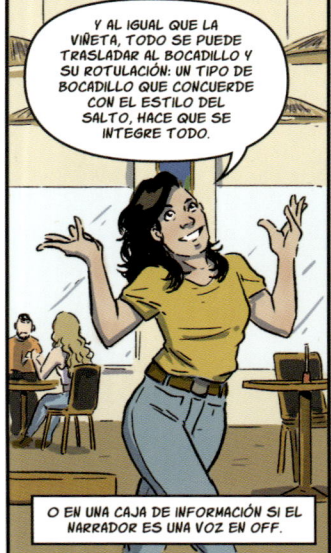

Y AL IGUAL QUE LA VIÑETA, TODO SE PUEDE TRASLADAR AL BOCADILLO Y SU ROTULACIÓN: UN TIPO DE BOCADILLO QUE CONCUERDE CON EL ESTILO DEL SALTO, HACE QUE SE INTEGRE TODO.

O EN UNA CAJA DE INFORMACIÓN SI EL NARRADOR ES UNA VOZ EN OFF.

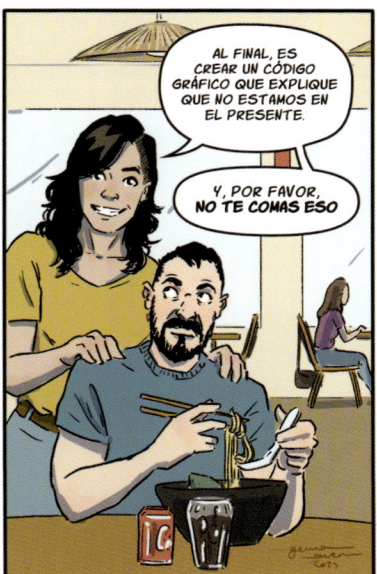

AL FINAL, ES CREAR UN CÓDIGO GRÁFICO QUE EXPLIQUE QUE NO ESTAMOS EN EL PRESENTE.

Y, POR FAVOR, **NO TE COMAS ESO**

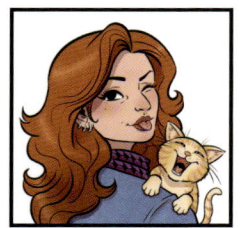

LÁPIZ, PAPEL…
¡ACCIÓN!
Meik

El **cómic** tiene una forma única de narrar, pero si tenemos que comparar el cómic con otras artes, ¿A qué se parece más, a la literatura o al cine? Muchos pensarán que a la literatura, ya que el formato del cómic es similar al de un libro, pero no, el cómic tiene mucho más en común con el cine de lo que parece.

El cómic tiene lenguaje cinematográfico, ya que ambas artes usan un elemento esencial a la hora de contar historias: **los planos**. Los planos no solo le darán una riqueza narrativa a tu historia, sino que también pueden transmitir el sentimiento que queremos reflejar, situarnos en el entorno donde sucede la escena, guiar al lector e indicarle detalles que ocurren en la viñeta, etc.

Los **dibujantes de cómic** somos como los **directores de una película**, nosotros decidimos desde dónde grabará la cámara, teniendo en cuenta que **la cámara es el ojo del lector**. Y dependiendo de lo que queramos contar, usaremos los distintos planos: plano general, medio, detalle, primer plano, picado, etc.

Por lo general, solemos abrir una historia con un **plano general**, valga la redundancia. De esta forma, situamos al lector en el escenario donde transcurre la acción, ya que la amplitud del plano general nos da espacio para mostrar el escenario de la historia.

Cuando queremos acercarnos a un personaje, solemos recurrir a un **plano medio**. Es un plano perfecto para presentar a un personaje, ya que nos permite acercarnos a él para apreciar su cara y parte de su cuerpo.

Con un **plano abierto**, la viñeta se abre lo suficiente como para apreciar más elementos en la escena, además del personaje. También tiene un buen uso cuando ocurre una acción, ya que el personaje tiene más espacio para moverse.

Si queremos centrarnos en el rostro del personaje, usaremos un **primer plano**. El primer plano no solo nos va a acercar al rostro del personaje y de esta forma nos familiarizamos con él, sino que también nos va a ayudar a entender cómo se siente el personaje en ese momento. Podemos añadir más énfasis al sentimiento del personaje con un **primer primerísimo plano**, donde la cámara se acerca mucho más al rostro del personaje y, de esta manera, contemplamos todavía con más fuerza la alegría, la tristeza, el enfado, etc.

Cuando queremos que el lector se fije en un elemento concreto, usaremos un **plano detalle**. En este plano vamos a centrar la atención del lector en un detalle de la viñeta, ya sea un objeto, una marca, una huella o incluso partes del cuerpo de un personaje, como sus manos, sus ojos, etc.

El ángulo de la cámara nos ayudará a transmitir sensaciones como la soledad, la indefensión, pero también la fuerza o la valentía. Cuando ponemos la cámara arriba, un **plano picado**, el personaje está a nuestros pies, se muestra indefenso.

Al contrario, si colocamos la cámara a los pies del personaje, un **plano contrapicado**, es el personaje el que queda por encima del lector, dándole una imagen de ser superior.

Estos son algunos de los planos más usados en el lenguaje del cómic, pero aún hay muchos más. Descúbrelos leyendo muchos cómics, pero también viendo muchas películas.

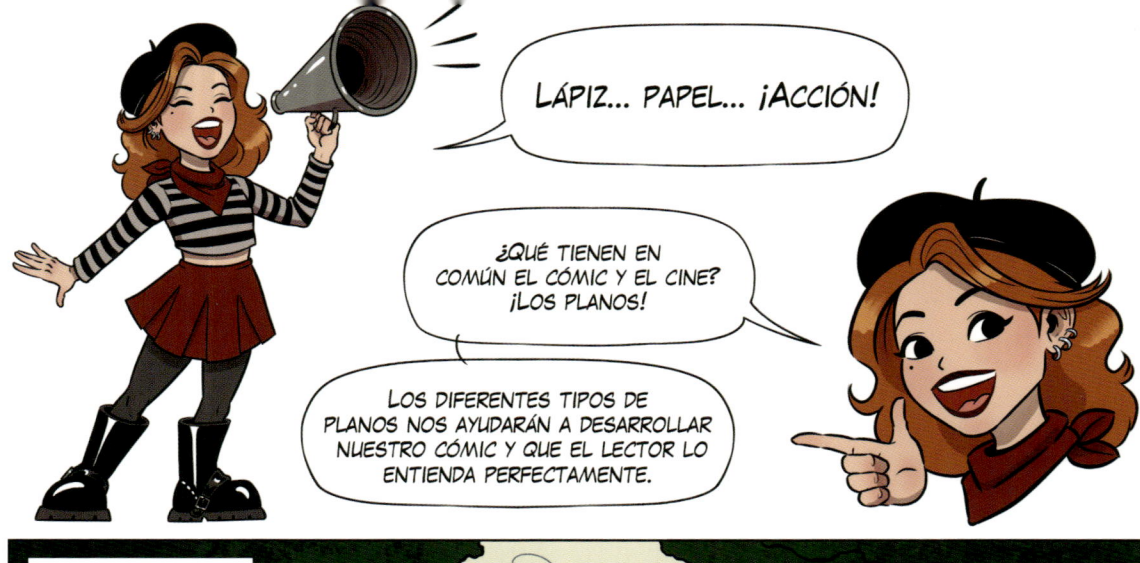

LÁPIZ... PAPEL... ¡ACCIÓN!

¿QUÉ TIENEN EN COMÚN EL CÓMIC Y EL CINE? ¡LOS PLANOS!

LOS DIFERENTES TIPOS DE PLANOS NOS AYUDARÁN A DESARROLLAR NUESTRO CÓMIC Y QUE EL LECTOR LO ENTIENDA PERFECTAMENTE.

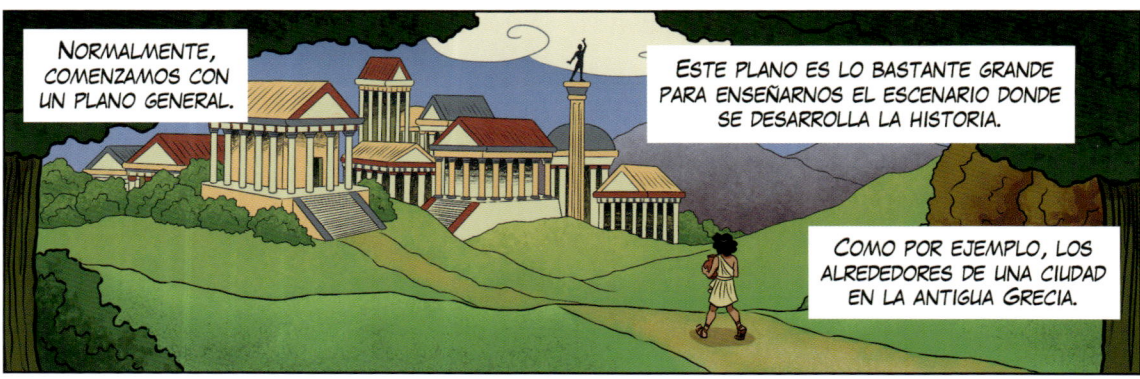

NORMALMENTE, COMENZAMOS CON UN PLANO GENERAL.

ESTE PLANO ES LO BASTANTE GRANDE PARA ENSEÑARNOS EL ESCENARIO DONDE SE DESARROLLA LA HISTORIA.

COMO POR EJEMPLO, LOS ALREDEDORES DE UNA CIUDAD EN LA ANTIGUA GRECIA.

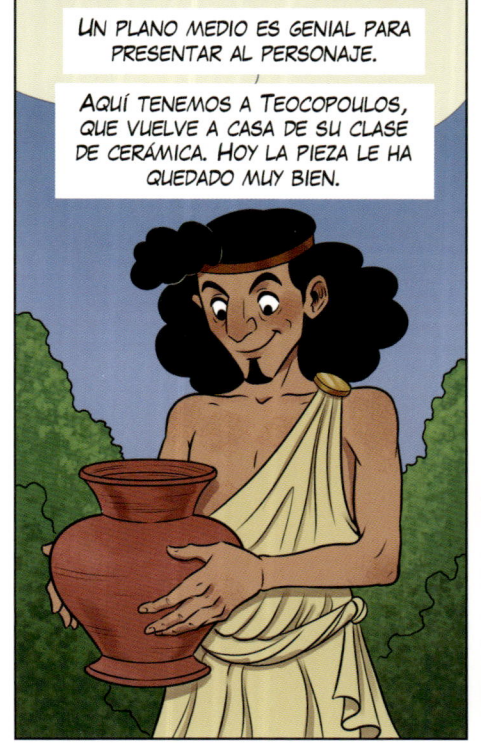

UN PLANO MEDIO ES GENIAL PARA PRESENTAR AL PERSONAJE.

AQUÍ TENEMOS A TEOCOPOULOS, QUE VUELVE A CASA DE SU CLASE DE CERÁMICA. HOY LA PIEZA LE HA QUEDADO MUY BIEN.

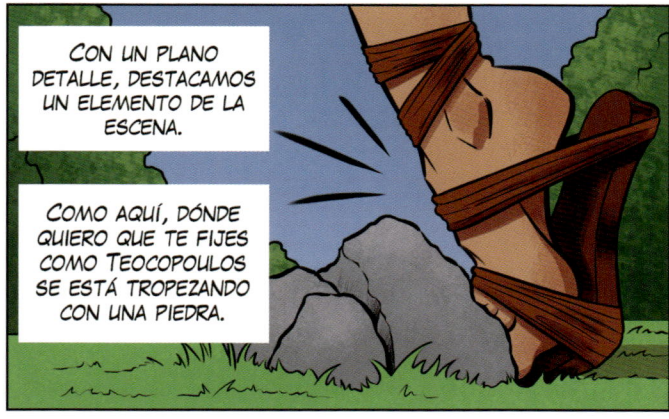

CON UN PLANO DETALLE, DESTACAMOS UN ELEMENTO DE LA ESCENA.

COMO AQUÍ, DÓNDE QUIERO QUE TE FIJES COMO TEOCOPOULOS SE ESTÁ TROPEZANDO CON UNA PIEDRA.

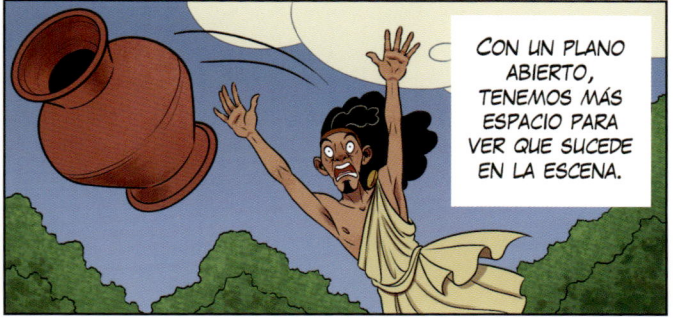

CON UN PLANO ABIERTO, TENEMOS MÁS ESPACIO PARA VER QUE SUCEDE EN LA ESCENA.

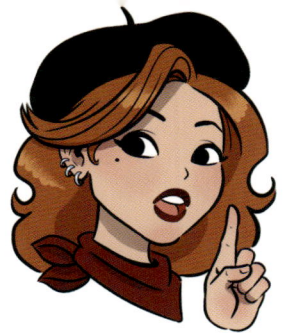

CON LOS PLANOS, NO SÓLO CONTAMOS LO QUE SUCEDE EN LA HISTORIA. TAMBIÉN PODEMOS TRANSMITIR SENTIMIENTOS.

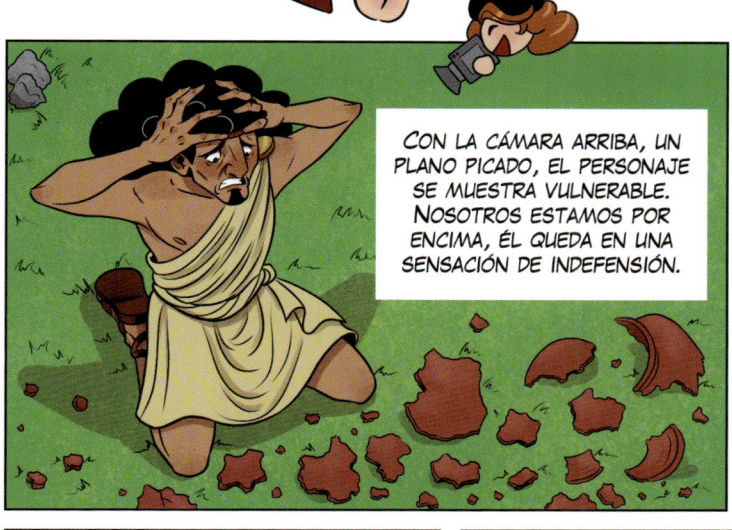

CON LA CÁMARA ARRIBA, UN PLANO PICADO, EL PERSONAJE SE MUESTRA VULNERABLE. NOSOTROS ESTAMOS POR ENCIMA, ÉL QUEDA EN UNA SENSACIÓN DE INDEFENSIÓN.

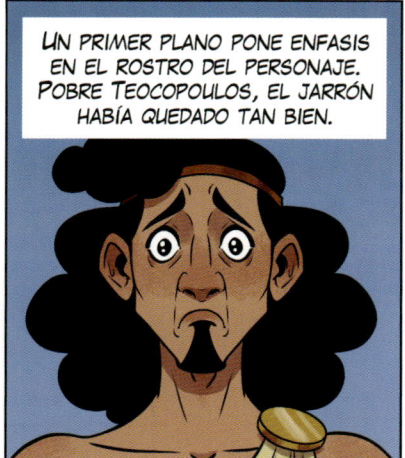

UN PRIMER PLANO PONE ENFASIS EN EL ROSTRO DEL PERSONAJE. POBRE TEOCOPOULOS, EL JARRÓN HABÍA QUEDADO TAN BIEN.

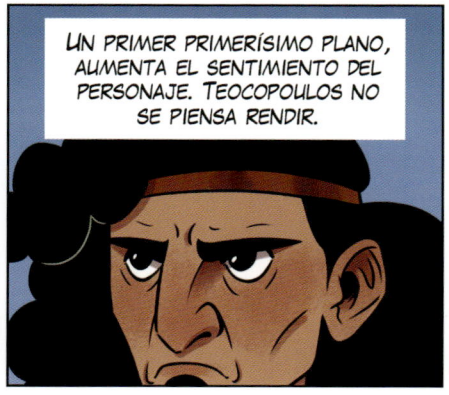

UN PRIMER PRIMERÍSIMO PLANO, AUMENTA EL SENTIMIENTO DEL PERSONAJE. TEOCOPOULOS NO SE PIENSA RENDIR.

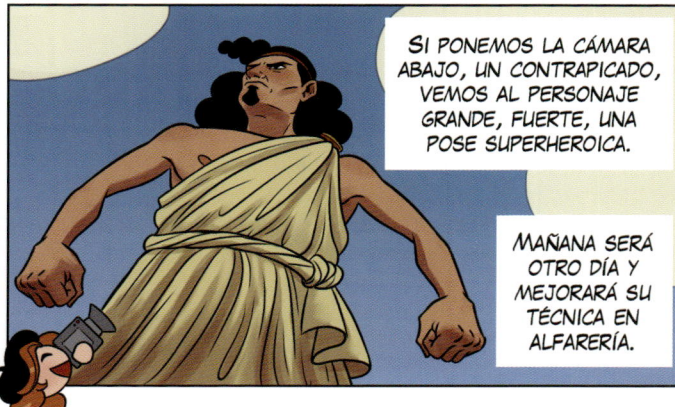

SI PONEMOS LA CÁMARA ABAJO, UN CONTRAPICADO, VEMOS AL PERSONAJE GRANDE, FUERTE, UNA POSE SUPERHEROICA.

MAÑANA SERÁ OTRO DÍA Y MEJORARÁ SU TÉCNICA EN ALFARERÍA.

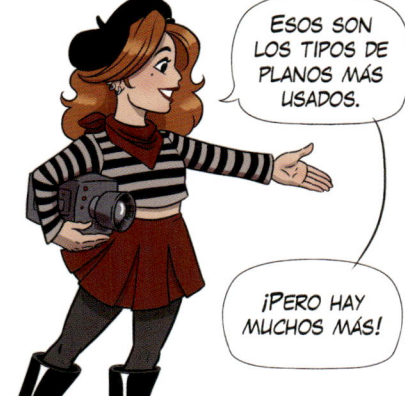

ESOS SON LOS TIPOS DE PLANOS MÁS USADOS.

¡PERO HAY MUCHOS MÁS!

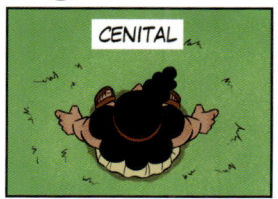

CENITAL

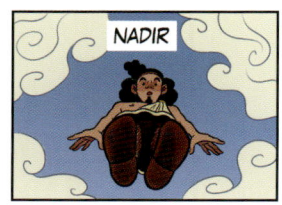

NADIR

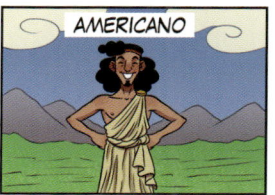

AMERICANO

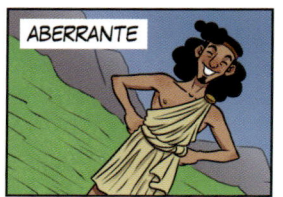

ABERRANTE

¿NO ES INCREÍBLE LA RIQUEZA DEL LENGUAJE DEL CÓMIC?

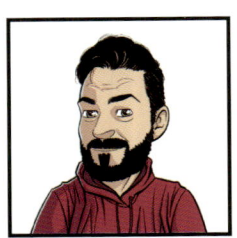

CREACIÓN DE PERSONAJES EN BASE A SUS ROSTROS.

José Ángel Ares

El **rostro** podría considerarse la puerta de entrada para conocer a una persona. En nuestro caso, un personaje.

Cuando nos encontramos con otra persona, en lo primero que nos fijamos es en su cara, normalmente en sus ojos. Es la manera más rápida de conectar.

Nuestra cara está diseñada para expresar muchísimas emociones y a la hora de dibujar personajes es una herramienta muy poderosa, tanto para dotarles de peso, como para contar la historia y, sobre todo, mantener atento al lector y dejarle un poso. Una vez somos conscientes de esto, podemos empezar a imaginar al personaje desde su base más primigenia. ¿Queremos que sea alguien tímido con su mirada huidiza y labios fruncidos? ¿Alguien cuya vida le está pasando continuamente malas pasadas, de mirada pesada y mandíbula prieta? ¿O alguien abiertamente sociable, muy positivo y abierto, cuya mirada sea directa y su sonrisa permanente?

Una vez lo descubramos hay que saber que esto no es algo inamovible y dependerá de cómo evolucione la historia. ¿Cuántas veces no ha pasado que un personaje cobarde acabe siendo el más valiente, o que ese cobarde no termine siendo malvado? Esto conlleva manejar las emociones con las que disfrutar dibujando, nunca agobiarnos.

Pero para dibujarlas tenemos que tener antes un rostro donde aplicarlas, y para eso dibujaremos la cabeza del personaje. La dibujaremos con los elementos básicos que le den personalidad, como el cabello, ojos, nariz, boca... Se puede enfatizar con el dibujo una de las partes que ayuden a atraer la vista del lector, como unos ojos prominentes, una nariz que ayude a reconocer su perfil, una gran boca que cogerá protagonismo con gritos o risas, unas pecas que le den un toque especial, tatuajes, etc. Hay muchas opciones y eso siempre nos ayudará. Cuando ya la tenemos dibujada podemos hacer una prueba para comprobar que esos elementos la dotan de un primer vistazo característico, que se le puede reconocer dibuje quien lo dibuje. Prueba a dibujar esa cabeza en varios estilos a ver si una visión global te hace reconocerla sin esfuerzo. No es una prueba necesaria, pero sí aporta curiosidad.

Después orientaremos esa cabeza y rostro para afianzar sus elementos y comprobar que sabremos dibujarlos desde diferentes encuadres y que sigan reconocibles, lo cual irá en favor de la historia y su fluidez.

Pasadas estas fases "mecánicas", entramos en la creación de expresiones. Esto le dará vida y dejará de ser un maniquí. Dibujaremos lo básico: alegría, terror, sorpresa, indignación, burla, confusión, ira... Podemos tirar con esto o aportar matices a esas reacciones (porque no todos reaccionamos igual). Para eso más allá de cogernos a nosotros mismos como modelo de referencia, nos fijaremos en otras personas. Al final tendremos una guía de recurso que nos ahorrará tiempo y esfuerzo.

Luego el personaje se completará con su vestuario, actitud corporal y cómo llevarlo todo al encuadre y a las páginas.

Después date el gusto y dibuja un primer plano. Mira qué pasa. ¿Funciona o hay que trabajar un poco más esas expresiones? Que lo vean otras personas y te digan qué piensan al respecto.

Dibujar es un proceso de mejora constante.

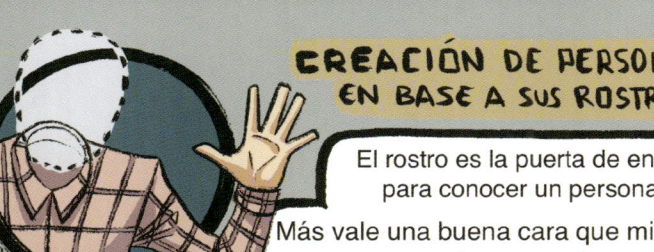

CREACIÓN DE PERSONAJES EN BASE A SUS ROSTROS

JOSÉ ÁNGEL ARES GARCÍA

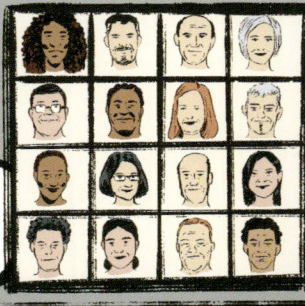

El rostro es la puerta de entrada para conocer un personaje.

Más vale una buena cara que mil palabras y sus expresiones pueden marcar la diferencia entre una buena historia y una que recuerdes para siempre.

Empieza por lo básico: su personalidad. Esto no es inamovible y dependerá de cómo evolucione la historia.

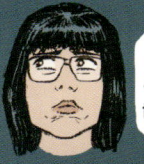

¿Será alguien tímido?

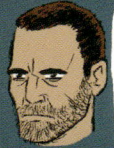

¿Será alguien cuya vida no es alegre?

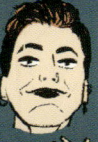

¿Será alguien sociable y positivo?

La base sobre la que crearemos el rostro es la cabeza, así que dibujaremos una donde colocar todos los elementos necesarios que le den personalidad.

Esos elementos pueden ser enfatizados para ayudar en su reconocimiento (ojos prominentes, unas pecas…) tienes muchas opciones con las que jugar.

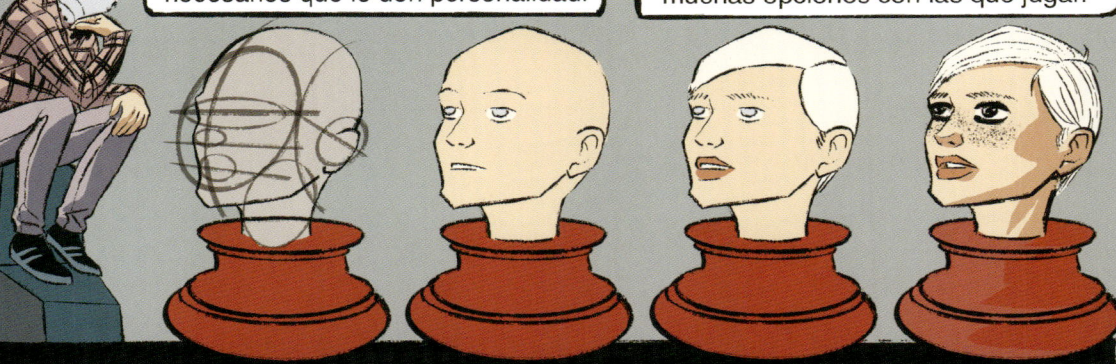

Después, a modo de curiosidad, puedes hacer esta prueba: dibuja la cabeza del personaje con diferentes estilos (te puedes basar en dibujantes que te gusten) y mira si el personaje es reconocible en todos ellos. Si es así, ya habrás avanzado mucho, porque le habrás dotado de un reconocimiento automático.

Así como solemos cogernos a nosotros mismos como modelo de referencia, debemos fijarnos en otras personas para ello y en otros dibujantes para saber qué usan y cómo lo usan. Aprender no debe ser algo que cueste, sino algo con lo que te diviertas.

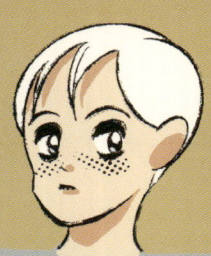
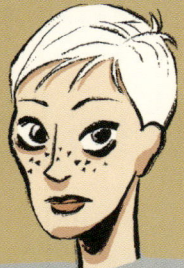
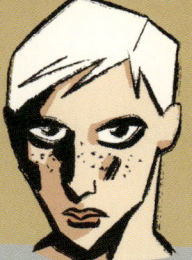
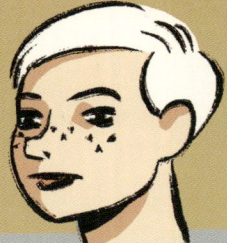

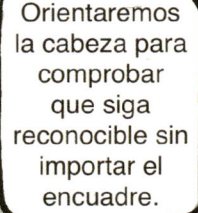 Orientaremos la cabeza para comprobar que siga reconocible sin importar el encuadre.

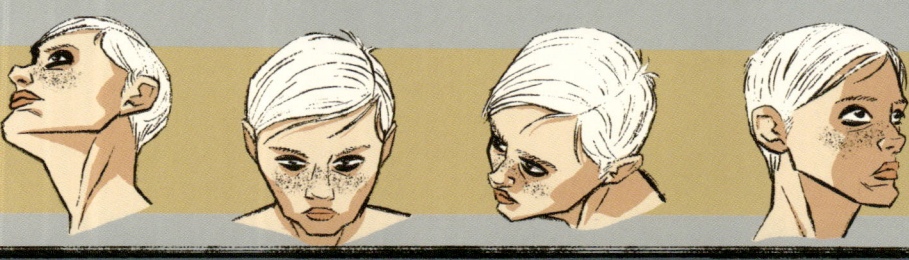

Por fin llegamos a la fase de las expresiones básicas: alegría, terror, sorpresa, indignación, burla, confusión, ira… Así tendremos una guía de recurso que nos ahorrará tiempo y esfuerzo. Esto le dará vida y dejará de ser un maniquí.

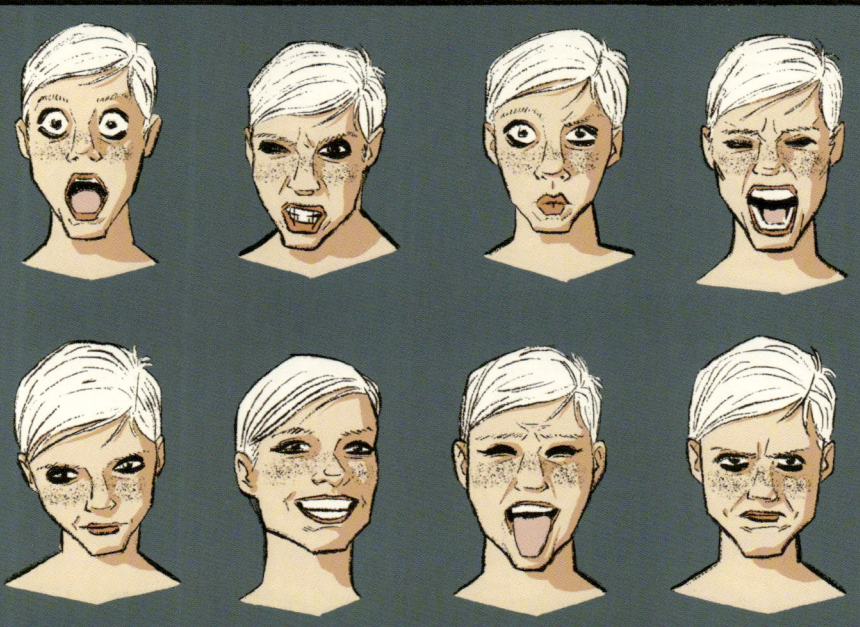

Después date el gusto y dibuja un primer plano. Mira qué pasa. ¿Funciona o hay que trabajar un poco más las expresiones?.

Que lo vean otras personas y te digan qué piensan al respecto. Dibujar es un proceso de mejora constante.

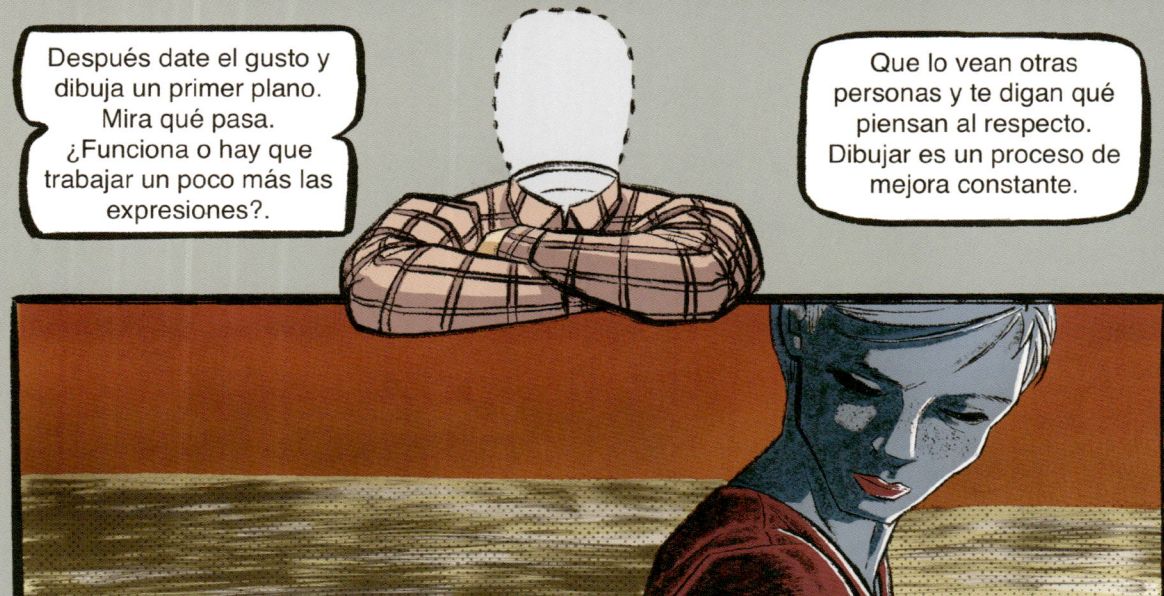

Diviértete y exprésate con libertad.

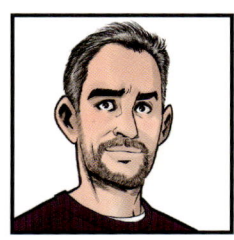

TAMAÑO DE PERSONAJE EN VIÑETA.

David Baldeón

¿Cuál es una de las herramientas más útiles, sencillas de explicar, fáciles de integrar en el proceso de trabajo de las que dispongo? ¿Cuál puede ser más interesante para compartir en este tutorial? ¿Cuál puede aportar más?

He escogido para contaros este recurso, el de **tamaño de personaje en viñeta**, que además de ser extremadamente útil y sencillo tiene la doble virtud de salir de una experiencia de trabajo real y de abrir un montón de posibilidades para tu cómic.

Al principio de mi trabajo como dibujante de *X-Men Legacy* recibí una nota de mi editor. Daniel era un tipo muy simpático y tremendamente inteligente, y aunque no daba muchas notas, siempre que lo hacía era con sentido. Sin embargo, esta me pareció un poco aleatoria, incluso caprichosa: "La página está estupenda, pero el tamaño de Pícara en la viñeta 2 y 3 es el mismo. ¿Podrías cambiarlo?".

Como corrección, no era muy complicada de hacer. Y me pareció tan superficial que decidí no discutirla. Revisé la página y efectivamente, en la viñeta 2 y 3 (dos planos medios sin mayor complicación en una conversación tras una pelea), nuestra prota, Pícara, tenía más o menos el mismo tamaño.

La página era perfectamente funcional. La narrativa, clara. No había ningún problema sangrante. ¿Por qué la nota? Decidí que cambiaría el dibujo en la viñeta 3... Y entonces me di cuenta del porqué.

Al forzarme a salir de la casi automática, cómoda y completamente natural disposición de los planos y los personajes dentro de ellos (puesta en escena, o *blocking*), me vi en la necesidad de encontrar un plus en aquella tercera viñeta. ¿Hacía un plano amplio? ¿Contrapicaba? ¿Lo reducía a un inserto, sin dejar espacio para la rotulación? Opté por abrir plano y picar la cámara.

De repente, tenía una visión amplia y detallada del escenario de la pelea, del estado del contrincante, de las repercusiones del combate. Tenía la oportunidad de retratar a Pícara más cansada, triunfal, o indiferente.

Un montón de matices y detalles que, de haber conservado la comodidad funcional, natural y sin reproche de la repetición de tamaños, se habrían quedado sin explorar.

Repito: la página original tal y como estaba no tenía ningún problema... aparte de carecer de particular interés y no aportar nada nuevo a la narración más allá de llegar del punto A al punto B. No habría pasado nada por publicarla. Pero al pasarla por el tamiz del tamaño, resultó que podía aportar mucho, mucho más. Tanto la página como yo mismo, como autor.

Esto del tamaño de personaje en página no es una ley. No es inapelable gramática narrativa. No es obligatorio. Es simplemente una palanca. Un pequeño *hack* mental que te permite abrir posibilidades que están ahí, pero que, en el marasmo del trabajo y la producción, se pueden escapar.

Pero un sencillo repaso a tu layout te puede llevar a descubrir un nuevo plano, un nuevo emplazamiento de cámara, una nueva postura para alguno de tus personajes que harán que esa página, tan funcional como rutinaria, cuente muchas, muchas cosas más de las que te encontrarías si simplemente te limitas a ir del punto A al punto B.

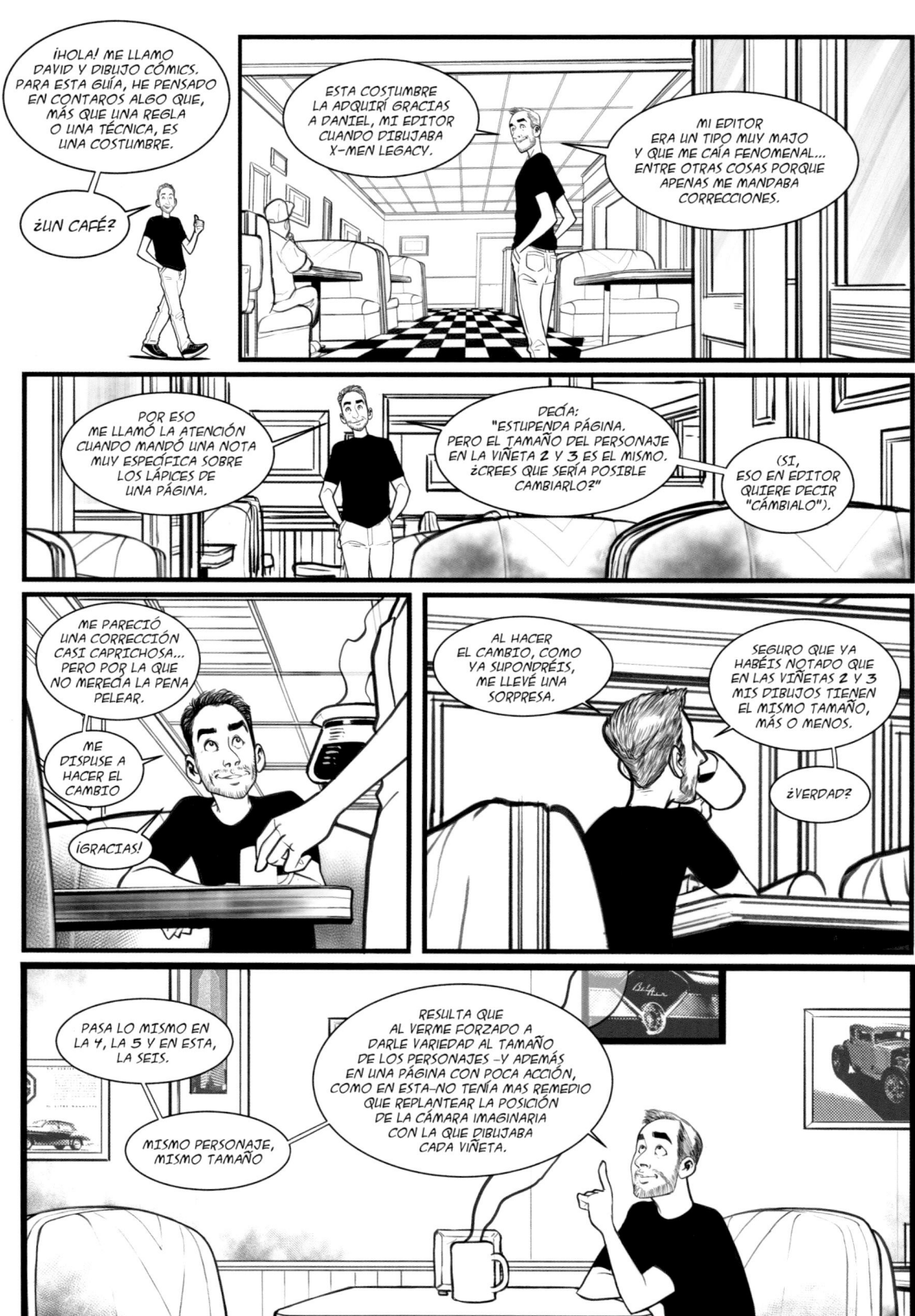

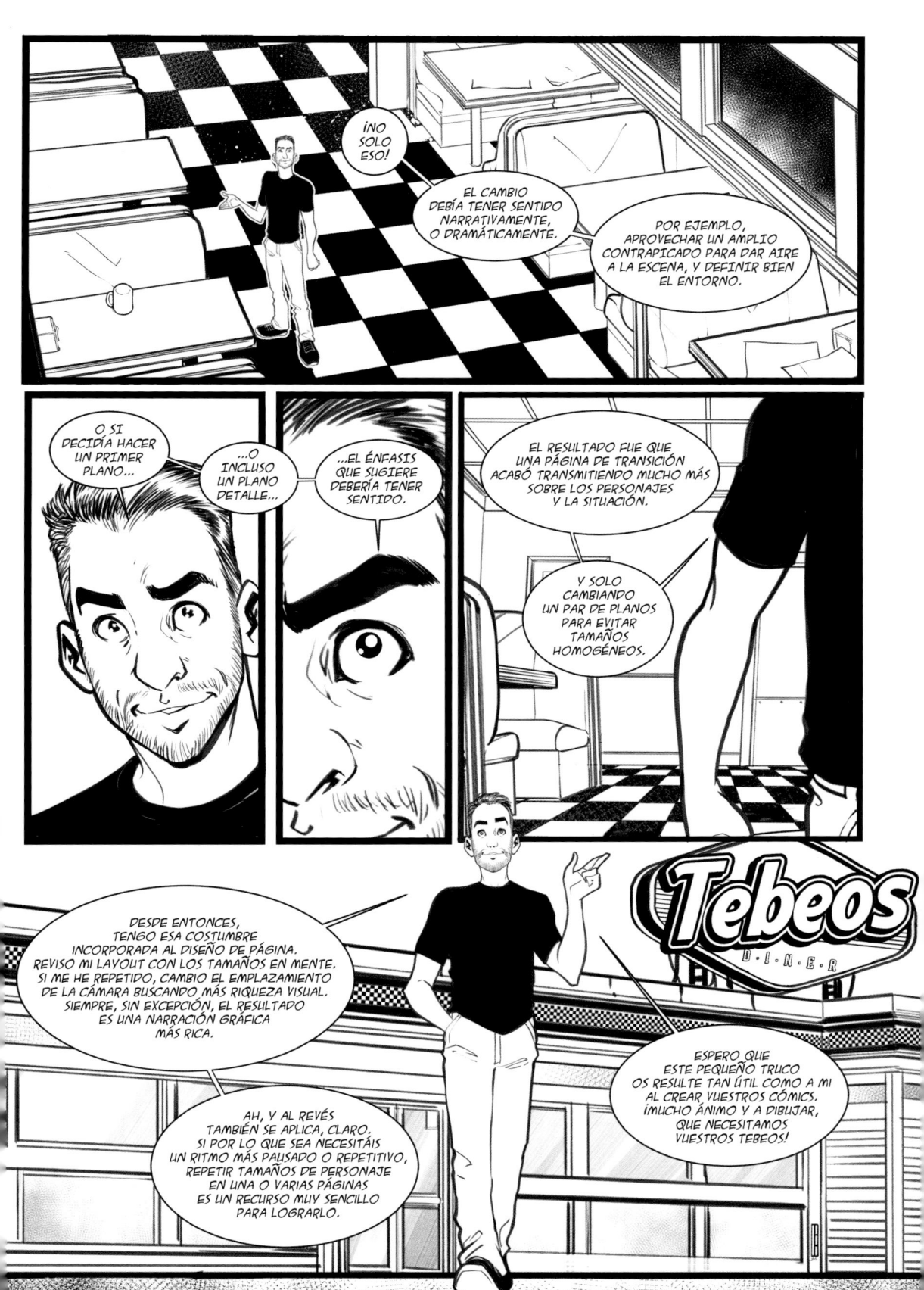

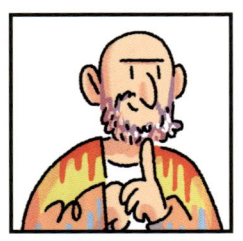

CON UN NARRADOR, TODO IRÁ MEJOR.

Álvaro Ortiz

En prácticamente todos los cómics que he hecho ha sido constante el uso de la voz del narrador, tanto en los más serios y para adultos, como en mi trabajo para niños o en las parodias humorísticas durante la pandemia.

A veces se tiende a pensar que en el cine o en el cómic la utilización de la voz narrador es un recurso facilón, dado que al ser medios visuales podemos prescindir de la misma y limitarnos a "ver" la acción sin necesidad de que nadie nos cuente lo que está pasando.

En los tebeos antiguos que leían nuestros padres, cuando el lenguaje del cómic no estaba tan asimilado como ahora, se usaba la voz del narrador porque se temía que el lector no fuese capaz de entender del todo la acción, pero muchas veces el narrador se limitaba a describir lo que estaba pasando en la viñeta de forma que llegaba a un nivel de redundancia que hoy en día es percibido casi como algo paródico.

También hemos leído cómics donde da la impresión que lo engolado del texto intenta demostrar que ese cómic es algo más profundo de lo que es y que puede competir con una novela en caso de una hipotética comparación.

Pero bien usada, la voz del narrador es un recurso bastante útil, que puede facilitar que nuestra historia avance a buen ritmo y de forma fluida y, en mi caso, algo que me parece muy importante es que emplear el recurso del narrador me permite **AHORRAR TIEMPO**.

No me refiero a que me libre de dibujar cosas, sino a que, aunque existen las elipsis, claro, cuando estamos haciendo un cómic el tiempo o la información ocupa un espacio físico en la página y, a más tiempo e información, más

viñetas, más páginas y, en consecuencia, libros y cómics más extensos y caros. Quiero decir que por mucha libertad que tenga como autor, si puedo utilizar este recurso para que el cómic no se alargue durante cientos de páginas, me parece una buena opción.

Además cuando trabajo en un cómic, para mí, lo fundamental a la hora de contar la historia es **COMÓ Y CUÁNDO** vas dosificando la información.

Siempre recomiendo el libro de Ana Sanz-Magallón: *Cuéntalo bien: El sentido común aplicado a las historias*, donde los típicos casos que aparecen en los manuales de guion, en vez de estar sacados de películas o libros, aquí aparecen ejemplificados con chistes, para ver lo que cambia el chiste (hasta el punto de perder toda su gracia) en función de cuándo se ha revelado alguna parte de la información.

Para ir acabando, por un lado creo que a veces queda más natural y menos forzado que cierta información nos venga explicada por el narrador, en vez de, como suele pasar en muchas series de televisión, se nos explique a través de los diálogos de forma forzada y poco natural.

Y, por otro, y siempre bajo mi opinión, creo que en un medio como el cómic, donde la cantidad de información visual es tanta y donde, además, leemos las imágenes a gran velocidad, el dicho de "una imagen vale más que mil palabras" no siempre funciona.

Porque, en ocasiones, es más fácil captar la atención del lector con una palabra que con una imagen.

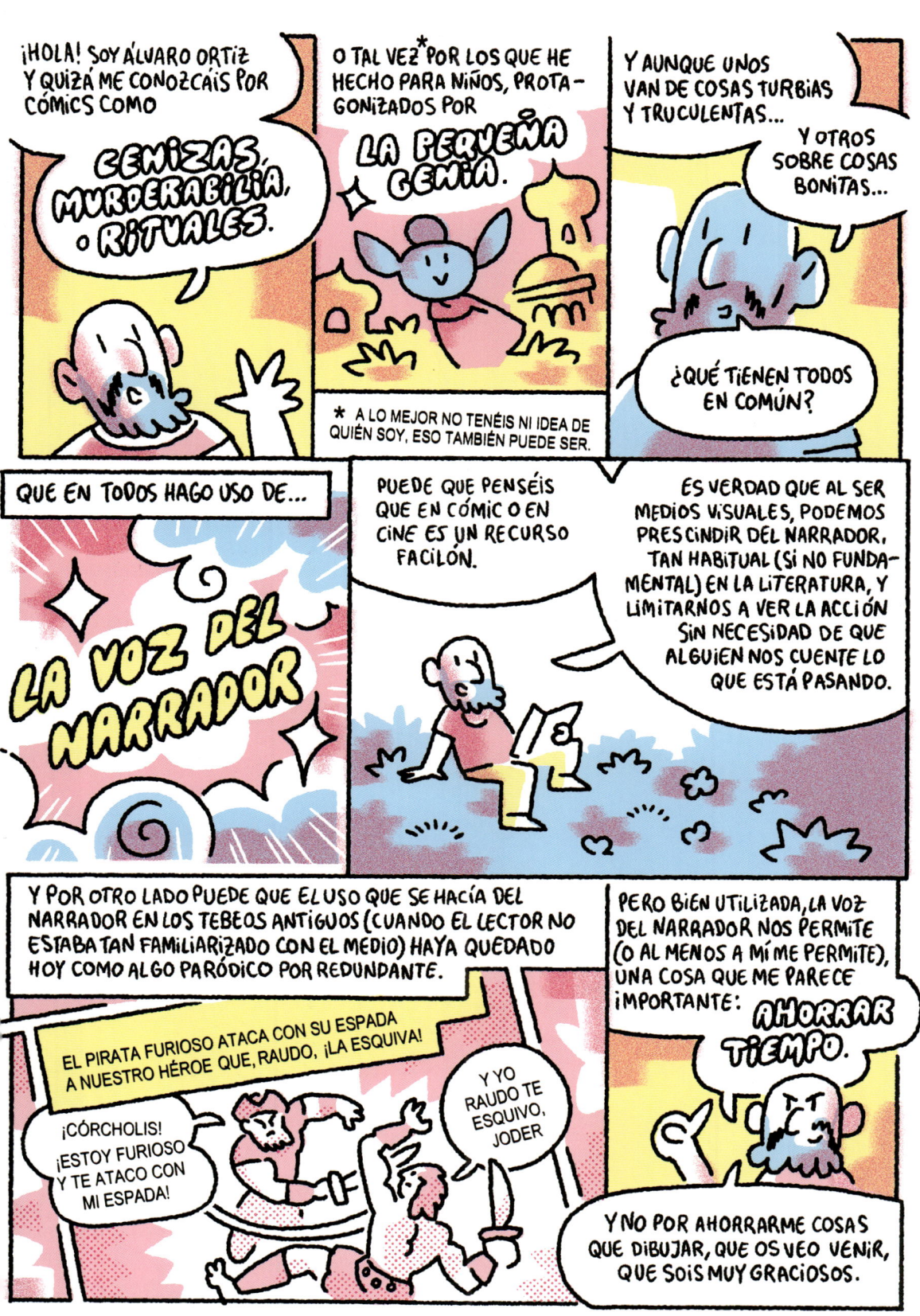

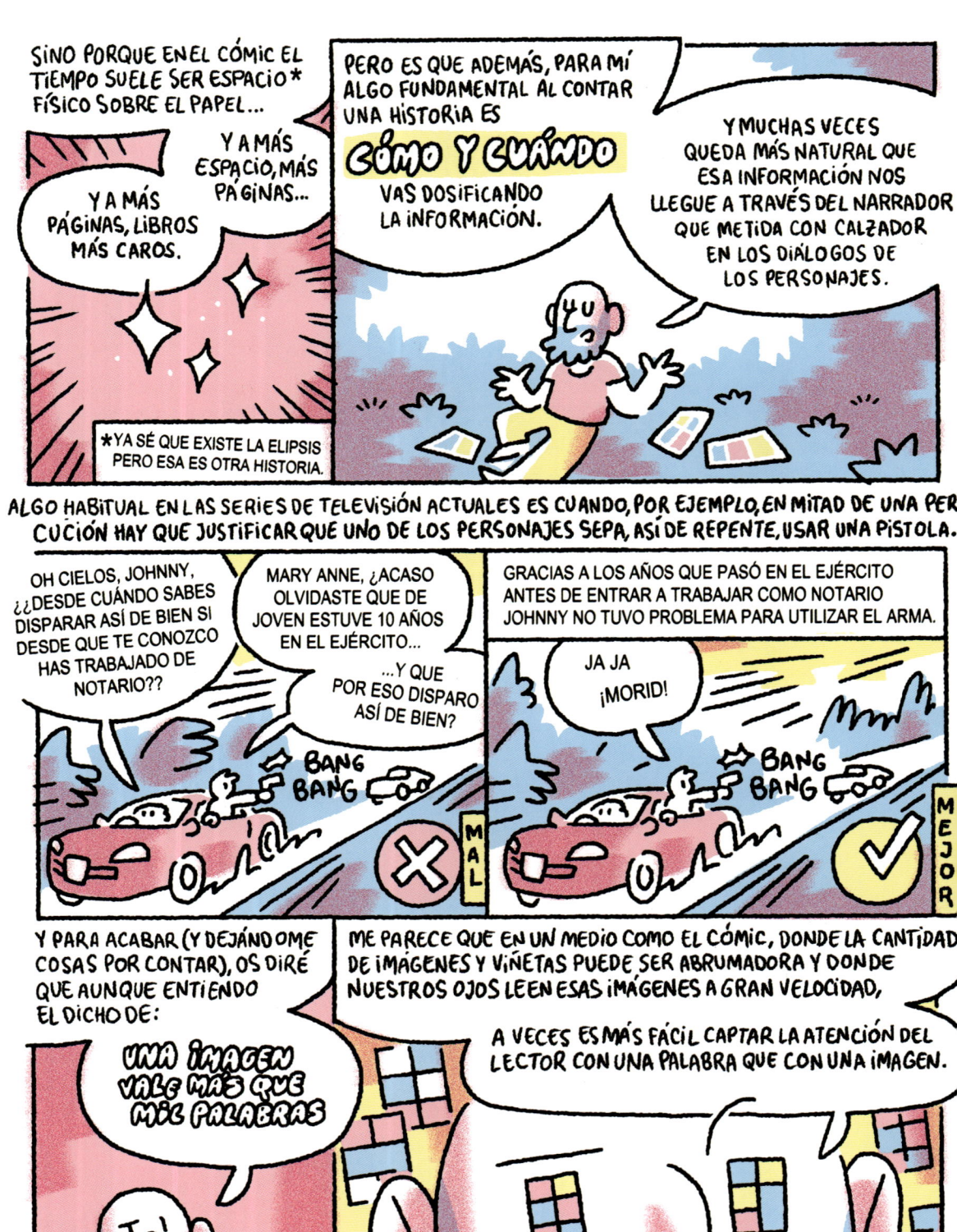

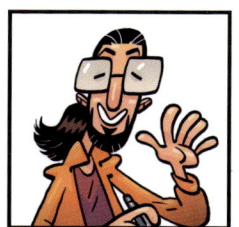

¡ABRAN PASO A LOS BOCADILLOS!

Guillermo Lizarán

¡Hola! Aquí Guillermo Lizarán, hablando de mi experiencia rotulando mis cómics, y de cómo guiar la vista de los lectores mediante un elemento exclusivo del lenguaje del cómic: **los bocadillos de texto**.

¿Qué distingue un cómic profesional de otro que no lo es tanto? ¿La calidad de la historia o los dibujos? Para mí, la colocación de los bocadillos en la página es lo que separa al principiante del experto. Si están entrelazados con éxito y en el orden correcto, la letra es legible, la intencionalidad del autor se transmite correctamente... Es importante pensar en todo eso desde el principio. No importa si trabajas con guión propio o ajeno: los bocadillos de texto tienen que tenerse en cuenta como uno de los elementos principales cuando compongamos las ilustraciones de una página de cómic.

¿En qué nos ayuda no dejar la colocación de bocadillos para el final? Principalmente, porque ayudarán a los lectores a seguir correctamente el hilo de la historia saltando entre bocadillos, guiándoles a través de la composición de página, haciendo que la lectura sea natural y efectiva. El sentido de la lectura occidental nos hace leer de izquierda a derecha y de arriba a abajo. Tenemos que prestar atención a esas convenciones para poder guiar por la narrativa sin que nadie se pierda. Visualmente, un rabito entre bocadillos ayuda a conectarlos incluso si están separados. Un bocadillo cortado al borde de una viñeta indicará que la lectura continúa en la siguiente viñeta, incluso si tiene otro bocadillo más cerca suyo. Son pequeños trucos narrativos que podemos usar para guiar la vista.

Otra razón para componer tus bocadillos mientras dibujas es que podrás planear bien la ubicación y el espacio necesarios de los elementos dentro de una viñeta. ¡Nada peor que ilustrar algo durante horas y darte cuenta al terminar que el diálogo de los personajes tapará por completo elementos de esa ilustración, por no haberlo planeado de antemano!

Planificar también te ayuda a gestionar la letra dentro de los bocadillos de texto. Cómo trabajamos el espacio de dentro del bocadillo afecta a los lectores inconscientemente. Si no planificamos bien, podemos caer en la tentación de alterar la letra para llenar el espacio (reduciendo el tamaño si nos quedamos sin sitio o haciéndola enorme para rellenar). Alterar el tamaño así puede hacer que el lector piense que nuestros personajes susurran o gritan cuando no queremos eso.

Intentemos que el tamaño de letra sea siempre constante e intencional, pero sobretodo legible.

Recuerda adaptarte a los límites del tipo de bocadillo dejando espacio suficiente entre las letras y el borde; no apelotonar el texto, separando suficientemente letras y renglones; hacer que el rabito del bocadillo apunte al personaje que habla...

¡Fijándote en todo esto, usa tu expresividad! Juega con las formas para transmitir lo que quieres. Un rabito formado por círculos en vez de una línea recta significa que ese bocadillo está siendo pensado, no dicho en voz alta. Un bocadillo puntiagudo puede significar que el texto está siendo gritado. Los bocadillos cuadrados sin rabito suelen transmitir que un texto está siendo narrado fuera de la escena.

¡Hala, a escribir mucho y en bocadillos claros! ¡Chau!

¡ABRAN PASO A LOS BOCADILLOS!

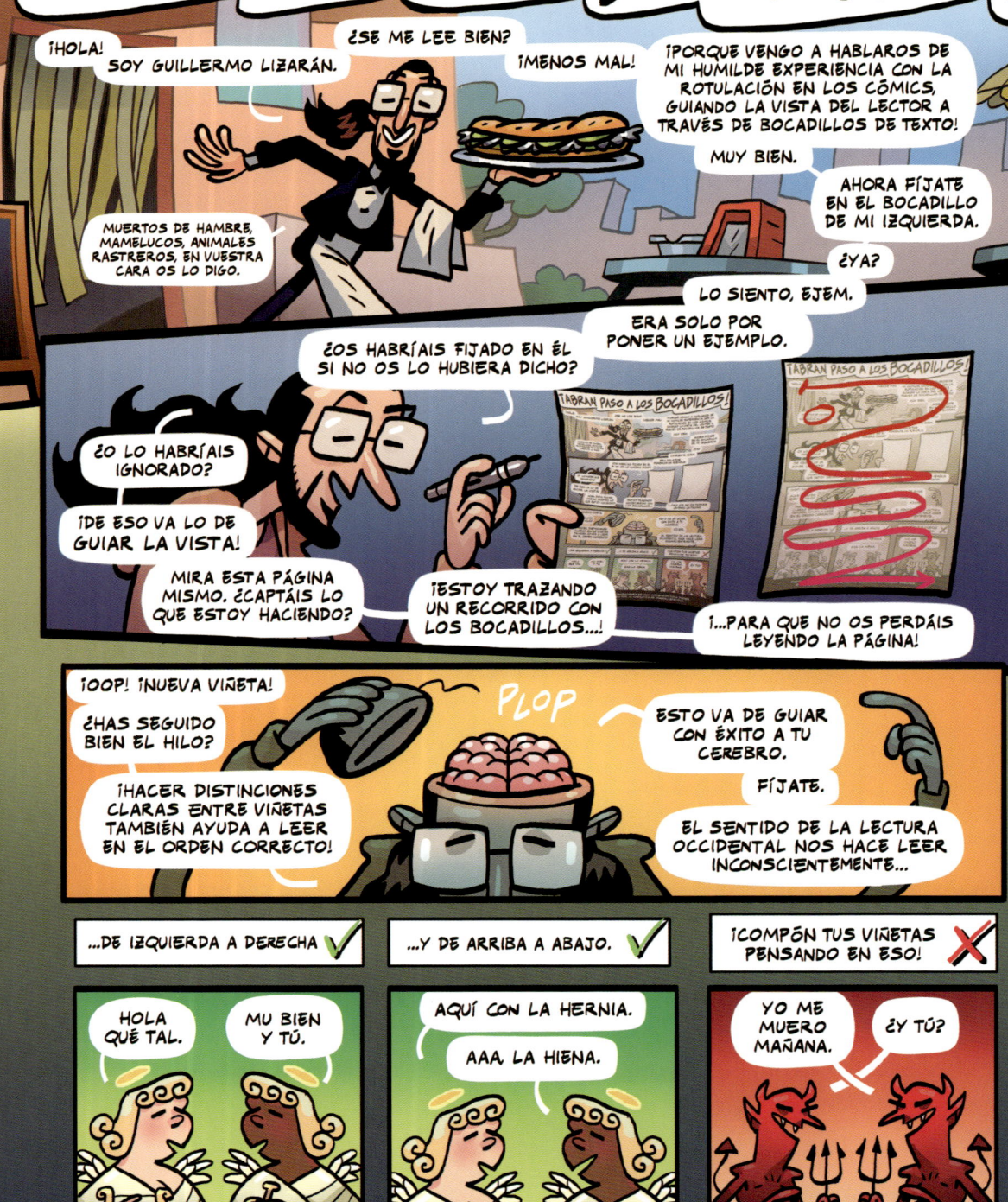

PRESTAR ATENCIÓN A ESAS CONVENCIONES ES MUY IMPORTANTE PARA PODER

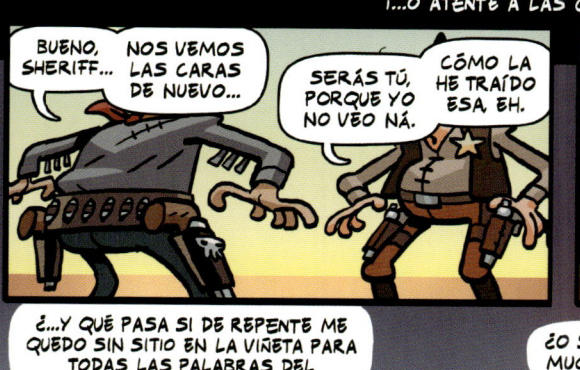

BUENO, SHERIFF... NOS VEMOS LAS CARAS DE NUEVO...

SERÁS TÚ, PORQUE YO NO VEO NÁ.

CÓMO LA HE TRAÍDO ESA, EH.

SHERIFF... VUELVE A PONER LOS BOCADILLOS ARRIBA...

ERES DEMASIAO FEO, SHERIFF...

VAYAPORDIOS.

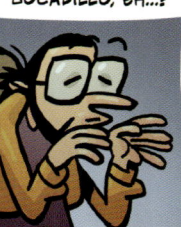

¿...Y QUÉ PASA SI DE REPENTE ME QUEDO SIN SITIO EN LA VIÑETA PARA TODAS LAS PALABRAS DEL BOCADILLO, EH...?

EMPIEZO A ESCRIBIR MUCHO MÁS CHIQUITICO, CHIQUITICO DIME POR QUÉEE, HASTA QUE SEA MUY MUY DIFÍCIL LEER TODO Y PUEDA VOLVER A INSULTARTE, HEDIONDO, GRIMA LENGUA DE SERPIENTE

¡ASÍ PARECE QUE ESTÉ SUSURRANDO...!

¿O SI HE DEJADO MUCHO ESPACIO? PUES LAS AGRANDO.

¿NO?

¡PUES NO!

¡ASÍ PARECE QUE GRITE!

¡CAMBIA EL TAMAÑO DE LETRA PARA EXPRESARLE SENTIMIENTOS AL LECTOR, NO POR COMPONER MAL EL ESPACIO!

INTENTA QUE EL TAMAÑO DE LETRA EN TUS BOCADILLOS SEA CONSTANTE E INTENCIONAL.

¡NO IMPORTA QUÉ TIPO DE BOCADILLO USES MIENTRAS RESULTE LEGIBLE!

CUALQUIER ESTILO FUNCIONA SI RESPETAS VARIAS COSAS:

¡DEJA ESPACIO EN EL BOCADILLO ENTRE LAS LETRAS Y EL BORDE!

¡ADÁPTATE A LOS LÍMITES DE TU TIPO DE BOCADILLO!

¡HAZ QUE EL RABITO APUNTE A QUIEN HABLA!

¡OJO, NO APELOTONES LAS LETRAS!

¡SI DIVIDES TUS FRASES

SENTIDO!

HAZ QUE LAS PAUSAS TENGAN

ASEGÚRATE DE PONER UNA BUENA SEPARACIÓN ENTRE RENGLONES.

¡QUE SEA LA NECESARIA!

¡NO HAY QUE PASARSE

NI MUCHO...

...NI POCO!

YO SUELO PONERLA A UN PUNTO Y MEDIO INFERIOR DEL TAMAÑO DE LA TIPOGRAFÍA QUE ESTOY UTILIZANDO.

¡FIJÁNDOTE EN TODO ESTO, YA SÓLO TE QUEDA USAR TU EXPRESIVIDAD!

¡JUEGA CON LAS FORMA DE LETRAS Y BOCADILLOS PARA TRANSMITIR LO QUE QUIERES!

¡PIENSA!

¡GRITA!

¡NARRA TU HISTORIA!

¡MIENTRAS GUÍES LA VISTA ADECUADAMENTE, TODO VALE!

¡Y POR ÚLTIMO, UN CONSEJO EXTRA!

¡LA "I" MAYÚSCULAS SÓLO VA AL PRINCIPIO DE LA PRIMERA PALABRA DE UNA FRASE! ¡LA "I" MINÚSCULA ES LA QUE VA ENTRE PALABRAS!

¡ESTO MARCA LA DIFERENCIA ENTRE PRINCIPIANTES Y PROFESIONALES!

RECUERDA:

NO USES

FIN.

USA

FIN.

¡CHAU!

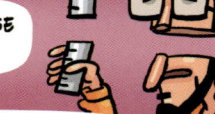

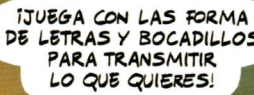

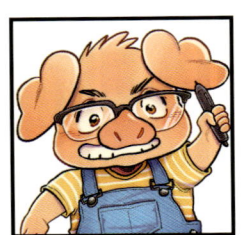

¡ONOMATOPEYAS DINÁMICAS!
Deliciest

Creo que viñetas, bocadillos y **onomatopeyas** son los elementos que nos vienen primero a la cabeza cuando pensamos en un cómic. Las onomatopeyas principalmente representan los sonidos que no se corresponden a diálogos, nos añaden información sobre qué está sucediendo en la escena o incluso fuera de la viñeta, haciendo que la lectura sea más completa e inmersiva.

Aunque técnicamente son también texto, las onomatopeyas van mucho más allá, al no estar contenidas en un bocadillo, deben estar en perfecta armonía con el dibujo, y realizar las acciones que describen. Es por eso que tenemos que poner especial cuidado en cómo las dibujamos. Por ejemplo, te recomiendo usar un texto grande, de formas agresivas y aserradas para sonidos de explosiones, y letras diminutas y redondeadas para describir el sonido de alguien caminando de puntillas. ¡Ten en cuenta que el tamaño de la onomatopeya influye mucho en la impresión del volumen que tiene ese sonido!

Pero además, podemos usarlas a nuestro favor para añadir una dosis de dinamismo extra a nuestras escenas. ¿Cómo podemos hacer esto? Fácil, teniendo en cuenta las líneas de movimiento. Las líneas de movimiento no tienen porqué estar representadas de forma independiente (ahí estaríamos hablando de líneas cinéticas), son la dirección en la que se ejerce una acción. Por ejemplo, imagina que vas a dibujar un coche tomando una curva a gran velocidad. Si dibujamos la onomatopeya del sonido del motor con esa misma forma curva, estaremos exagerando aún más la sensación de velocidad. O, si dibujas un puñetazo, deberías colocar la onomatopeya en el punto de impacto para aumentar la impresión de recorrido y fuerza del golpe. Pero no todas las onomatopeyas se tienen que adaptar a las líneas de movimiento de acciones de perso-

najes u objetos en la viñeta. ¡Pueden tener líneas de acción propias! Aquí entra en juego el ritmo y el tiempo. Un sonido que se repite muchas veces en una viñeta nos da la sensación de que el tiempo de esa escena se prolonga. Si además, usamos una línea de acción larga, y sinuosa, ni te cuento. O, si variamos el tamaño y posición del sonido, tenemos la sensación de que es una acción que se repite erráticamente. Ejemplos podrían ser, unas manos tecleando, una persona que mastica comida…

Y si, como yo, te gusta poner una dosis extra de dramatismo a tu cómic… ¿Por qué limitarnos a los sonidos de acciones que realmente ocurren en la escena? Imagina el sonido de unos platillos en una escena dramática, o el sonido de la brisa cuando un personaje se da cuenta de que se ha enamorado… Son sonidos que buscan transmitir una sensación, y también puede ser interesante usarlos si tu estilo se presta a una dosis extra de exageración.

A las onomatopeyas les afecta el recorrido del flujo de lectura como a todos los elementos de un cómic. Por esto es importante tenerlas en cuenta en la fase de boceto, igual que a los bocadillos de texto. Sobre todo si quieres que queden integradas con el dibujo, debes tratarlas como parte de él, y no como una pegatina que pones al terminar la página. Si no, es muy fácil que te quedes sin espacio suficiente, y que no consigas que tengan el impacto necesario.

Creo que las onomatopeyas, a pesar de ser uno de los símbolos universales del cómic, es algo a lo que no le prestamos mucha atención cuando empezamos a dibujar. Yo te animo a practicar, ¡fíjate en cómo las usan tus dibujantes favoritos y prueba tú también a jugar con la expresividad del texto!

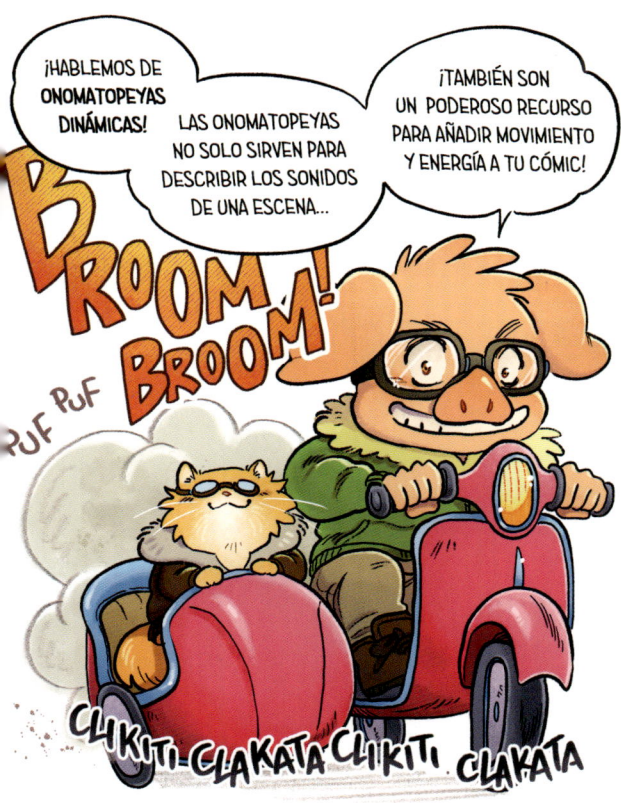

¡HABLEMOS DE **ONOMATOPEYAS DINÁMICAS!**

LAS ONOMATOPEYAS NO SOLO SIRVEN PARA DESCRIBIR LOS SONIDOS DE UNA ESCENA...

¡TAMBIÉN SON UN PODEROSO RECURSO PARA AÑADIR MOVIMIENTO Y ENERGÍA A TU CÓMIC!

BROOM-BROOM!

PUF PUF

CLIKITI CLAKATA CLIKITI CLAKATA

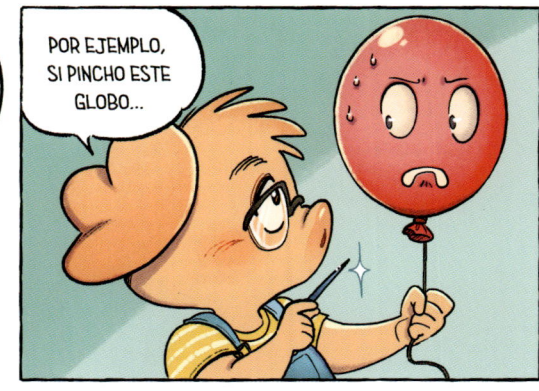

POR EJEMPLO, SI PINCHO ESTE GLOBO...

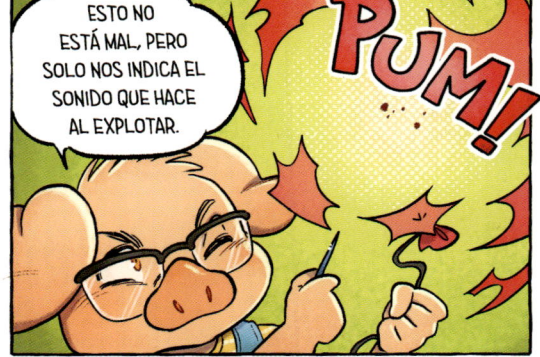

ESTO NO ESTÁ MAL, PERO SOLO NOS INDICA EL SONIDO QUE HACE AL EXPLOTAR.

PUM!

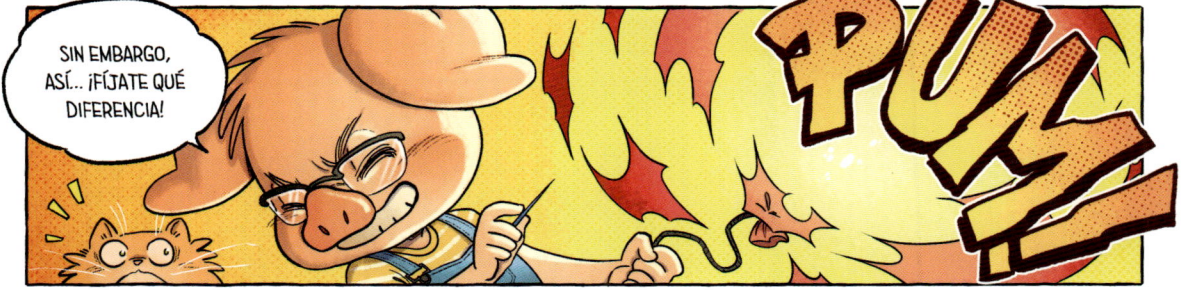

SIN EMBARGO, ASÍ... ¡FÍJATE QUÉ DIFERENCIA!

PUM!

HEMOS USADO LÍNEAS DE MOVIMIENTO PARA EXAGERAR EL EFECTO DE LA ONDA EXPANSIVA.

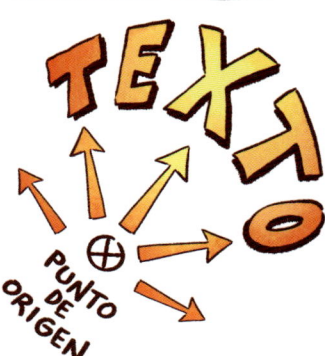

TEXTO

PUNTO DE ORIGEN

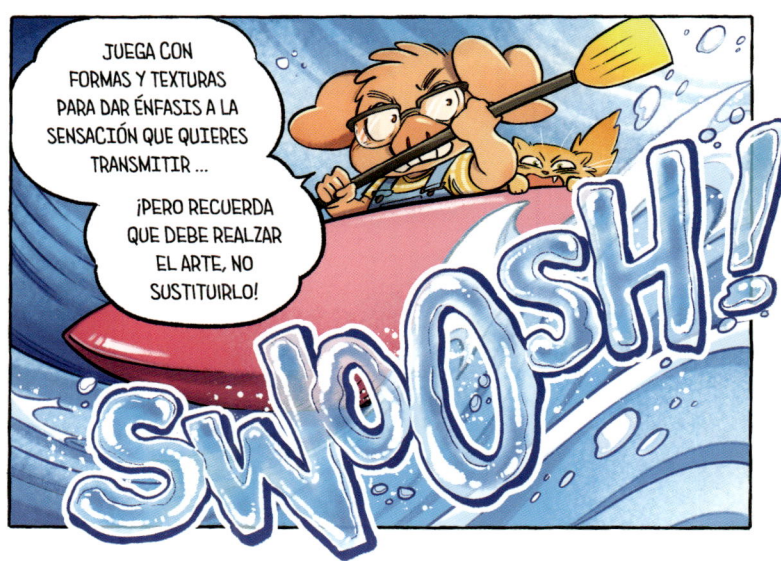

JUEGA CON FORMAS Y TEXTURAS PARA DAR ÉNFASIS A LA SENSACIÓN QUE QUIERES TRANSMITIR ...

¡PERO RECUERDA QUE DEBE REALZAR EL ARTE, NO SUSTITUIRLO!

SWOOSH!

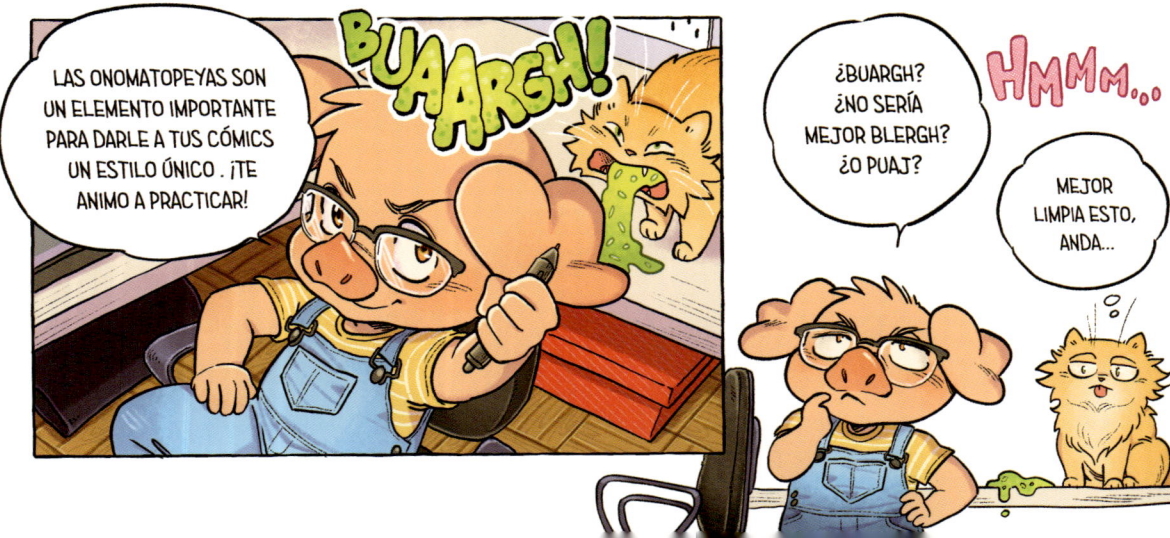

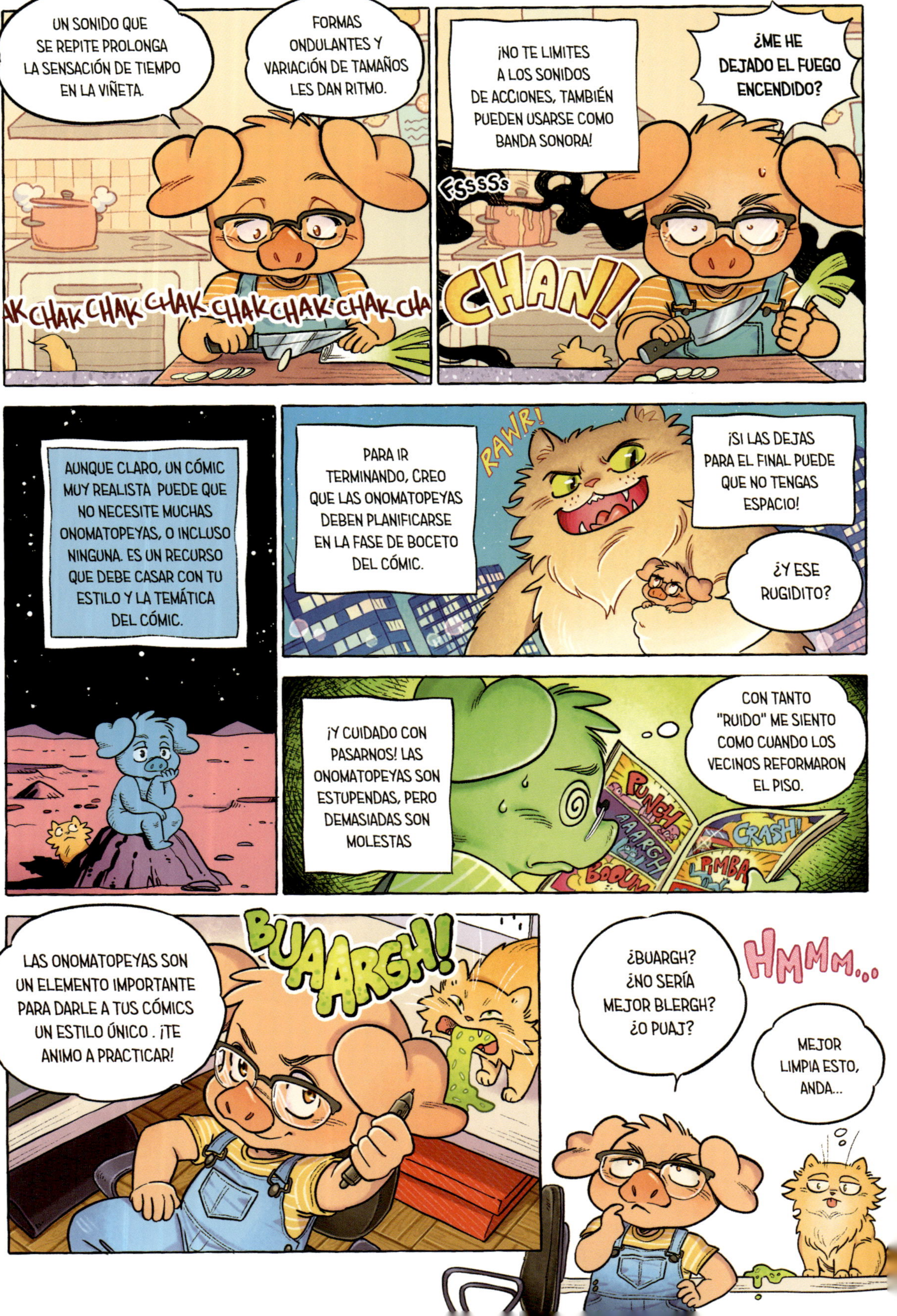

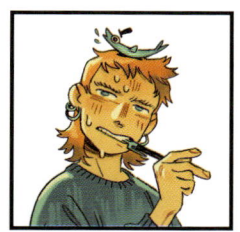

EL COLOR COMO HERRAMIENTA NARRATIVA.
Xulia Vicente

El **color** es un recurso muy útil en el que nos podemos apoyar para narrar en el cómic, más allá de la información que aporta a la hora de identificar los elementos de la página o de sumar al dibujo para crear la ilusión de un espacio. Pero antes de lanzarnos a contar algunas de estas aplicaciones prácticas, es importante saber que el color cuenta cosas por sí mismo.

La psicología del color revela que las personas percibimos y reaccionamos de forma distinta a cada tono. Por ejemplo, el rojo se puede relacionar con conceptos como la pasión, el peligro o el calor, el amarillo con la riqueza o el resplandor pero también la alerta, y el azul con el reposo, el frío o la melancolía.

Les asignamos ciertos valores colectivamente, lo que nos permite utilizarlos incluso en aplicaciones prácticas como son las señales de tráfico o la escala saludable de alimentos, por ejemplo. Hay que tener en cuenta que estos valores se establecen socialmente y, por lo tanto, aunque muchas veces coincidan, pueden variar según la cultura.

Sabiendo esto, vamos a ver algunos usos narrativos del color en el tebeo:

· **Situar al lector en un tiempo y lugar.** Mediante la aplicación de una paleta concreta a toda una escena, podemos ubicar al lector en un contexto y hacerlo reconocible. Al modificarla, podemos hacerle saber que hemos cambiado de espacio o de tiempo con un solo golpe de vista. Recuperar la misma paleta más adelante contribuirá a llevarle de nuevo a un entorno que le resulte familiar.

· **Destacar elementos**. Si mantenemos una gama tonal armónica en un plano, podemos resaltar en él fácilmente algún elemento mediante el uso, por ejemplo, de un tono complementario o de un blanco, algo que rompa con la continuidad. Por ejemplo, en un entorno de azules, pintar una figura en naranjas hará que la vista del lector se dirija automáticamente a este objeto o personaje, diferenciándolo del fondo.

· **Acentuar situaciones y evocar sensaciones.** Aquí es donde entra en juego especialmente la psicología del color. Si queremos acentuar un momento crítico de la narración, o dotarlo de un carácter concreto, podemos cambiar de manera radical la paleta en nuestras viñetas. Un ejemplo muy evidente es el de una acción violenta, destacando la viñeta en la que se produce el impacto con una gama de rojos. Si la amenaza se va palpando poco a poco en viñetas anteriores, se podría ir modificando progresivamente de plano en plano. O incluso aplicarla a toda una escena si queremos transmitir todo el rato esa sensación de peligro. Aunque los rojos sean el caso más evidente, esta aplicación vale para cualquier otro tono, como los mencionados amarillo y azul. Una escena en amarillos podría destacar la luminosidad de una situación, o resaltar la riqueza de la que hace gala un personaje, mientras que los azules podrían aportar sensación de reposo y tranquilidad o, tal vez, algo de soledad y melancolía.

En general, mi consejo es desprendernos un poco de los tonos reales de aquello que dibujamos, y atrevernos a jugar con la personalidad de los colores. Esto nos ayudará a dotar de carácter y de múltiples capas narrativas a nuestras páginas.

¡Así que a experimentar!

(ALGUNOS) USOS NARRATIVOS DEL COLOR

Xulia Vicente

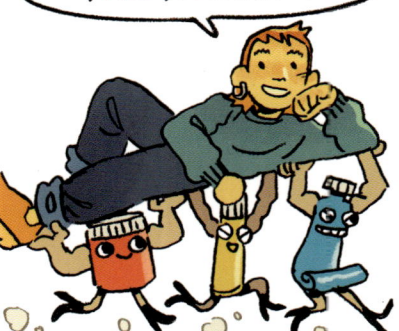

El color es muy útil para apoyar la narración en el cómic, pero primero es importante saber que tiene poder por sí mismo.

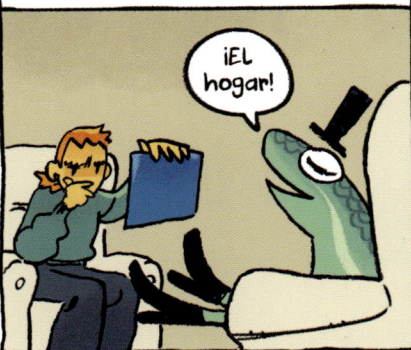

La psicología del color revela que percibimos y reaccionamos de forma distinta a cada tono.

¡EL hogar!

Algunos ejemplos de valores subconscientes que nos pueden transmitir el rojo, amarillo o azul.

*Esto es algo social y puede variar según la cultura.

PANTONE
Peligro, pasión, calor, violencia...

PANTONE
Riqueza, resplandor, inocencia...

PANTONE
Reposo, frío, melancolía, soledad...

Veamos ahora esos usos narrativos. Por ejemplo, para situar al lector en un tiempo y lugar.

Manteniendo la misma paleta a lo largo de una secuencia, ubicamos al lector en un contexto.

Al cambiarla, podemos hacerle saber que hemos cambiado de espacio...

O de tiempo.

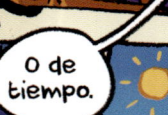

Y podemos más tarde volver a recuperar esas paletas para volver a un entorno familiar.

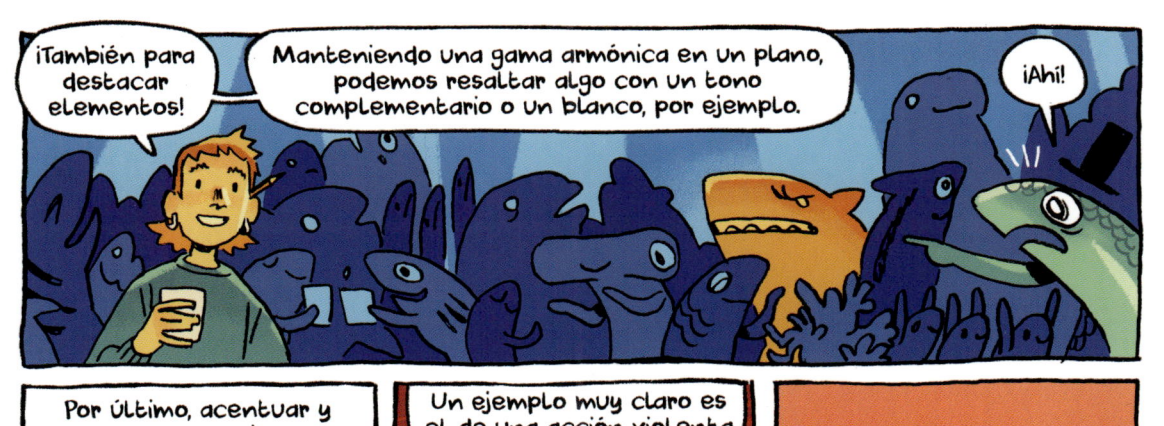

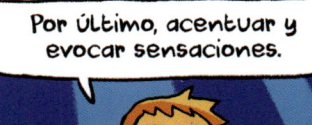

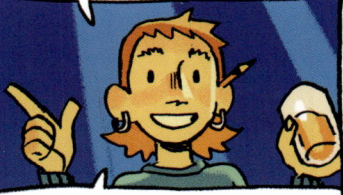

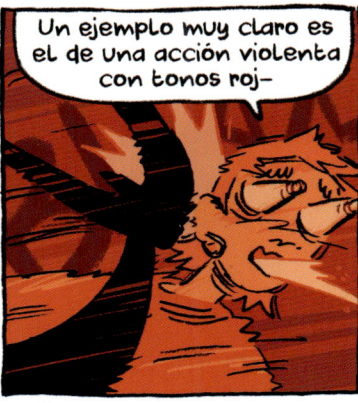

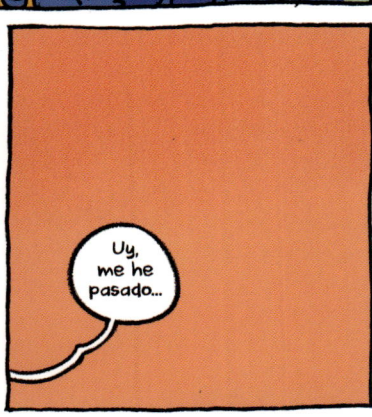

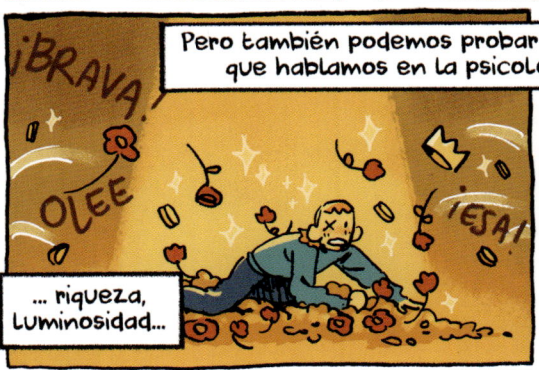

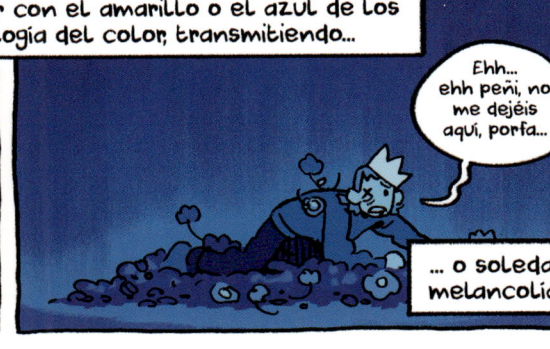

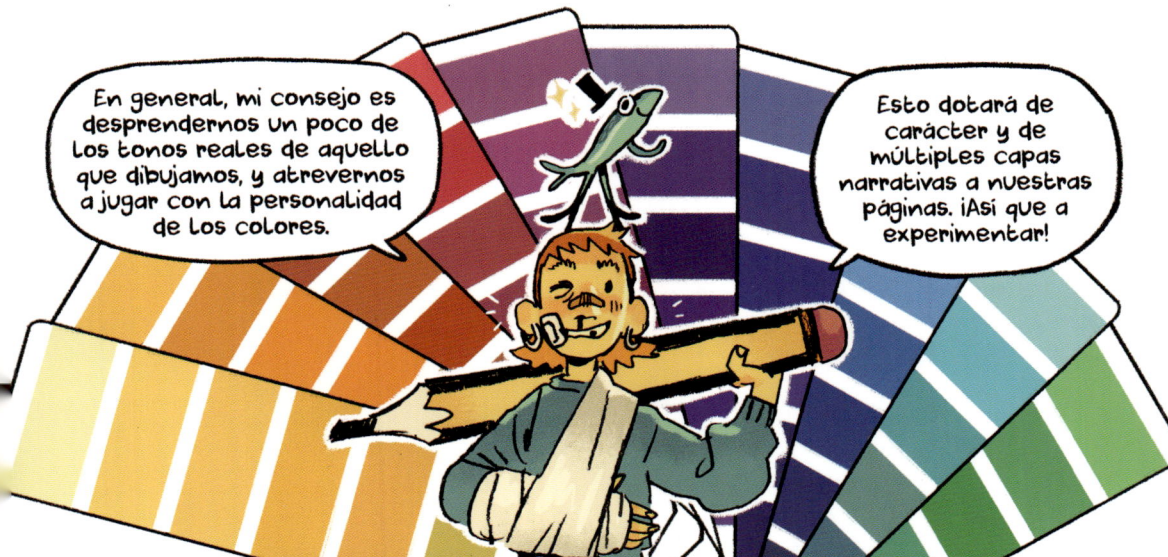

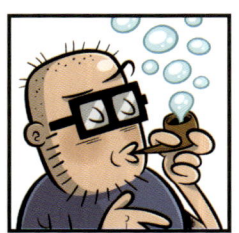

CÓMO GESTIONAR LA PERCEPCIÓN DE TU OBRA
Rubén Fdez.

Vale, a ver, esto no es un truco de narrativa gráfica. Pero se me ocurrió que es algo de lo que era importante hablar, y a la gente de Grafito le pareció bien, así que nada, tomaoslo como una especie de bonus, o apéndice, sobre creatividad y salud mental.

La cosa es que tú vas y dedicas muchas horas a hacer tu cómic, ¿no? Un proceso larguísimo en el que te esmeras y lo das todo. Y cuando ya lo tienes terminado, lo miras y... y a lo mejor te parece que lo que te ha salido es una mierda.

Pero ¿es una mierda, realmente? ¡No tiene por qué! ¡Puede que sea buenísimo! Pero tú te has saturado y no estás viendo el resultado real de tu trabajo, sino la distancia entre el ideal perfecto que había en tu cabeza y lo que te ha salido al final.

Pero tienes que tener presente algo importantísimo: el lector que lea lo que has hecho no sabe nada de ningún ideal al que aspirabas ni hostias, así que simplemente va a leerlo y disfrutarlo sin más.

En mi experiencia como humorista gráfico, me ha pasado un montón de veces pensar, mientras lo dibujo, que un chiste mío a lo mejor la lía en redes, que hará que me denuncien, que me cancelen... y luego ese chiste se publica y pasa desapercibido. ¡Y al revés! El chiste más blanco que se me ocurra puede ser luego el que genere polémica y movidas.

El asunto aquí es que **NO TIENES CONTROL** sobre cómo se va a recibir tu obra. Va a tener tantas versiones como lectores haya.

Y ningún lector podrá tener con tu trabajo la relación que tienes tú como creador. Todo a lo que puedes aspirar es a hacerlo lo mejor que puedas y lanzar la obra al mundo y que vuele libre.

Dedicarse a una carrera artística es vivir una vida de frustración constante, porque siempre estarás aspirando a un ideal que puede que nunca llegues a alcanzar.

Es más: ¿y si lo alcanzas? Si llegas a la cumbre... se acabó, ¿no? ¿Para qué seguir, si ya no puedes mejorar más, si ya no tienes más metas que cumplir? ¿Que hace el coyote cuando ya ha cazado y se ha comido al correcaminos?

Lo que intento decir es que si coges algo a lo que has dedicado mucho tiempo y trabajo y te parece una mierda... eso **ES BUENO**, porque te motiva a hacerlo mejor, a seguir aprendiendo y a seguir superándote.

Con suerte, toda tu vida la pasarás así.

Y aunque estés satisfecho con lo que has hecho, quizá lo vuelvas a mirar pasados meses, o años, y seguramente te parezca horrible.

Pero eso es normal, y hasta lo mejor que te puede pasar, porque significa que has mejorado.

Y no te agobies, que esto le ocurre hasta a los grandes maestros. Pregúntale a Alan Moore qué opina de *Watchmen*, por ejemplo.

Yo mismo tengo dudas escribiendo todo esto. ¿Se entenderá? ¿Estoy diciendo algo muy obvio? ¿Va a ayudar esto realmente a alguien? ¿Soy de verdad tan idiota como para compararme con Alan Moore?

No sé. Da igual. ¡Seguid dibujando! ¡Es la única salida!

¡BONUS!
CÓMO GESTIONAR LA PERCEPCIÓN DE TU OBRA

VALE, A VER, ESTO NO ES (EJEM) UN TRUCO DE NARRATIVA GRÁFICA...

...PERO CREO QUE ES EL CONSEJO MÁS IMPORTANTE QUE YO OS PUEDO DAR.

A VER, TÚ TE TIRAS HORAS HACIENDO TU CÓMIC, ¿NO? ¡TODO EL PROCESO! ¡GUIÓN! ¡LÁPIZ! ¡TINTA! ¡PONER LAS LETRAS! ¡TODO ESO!

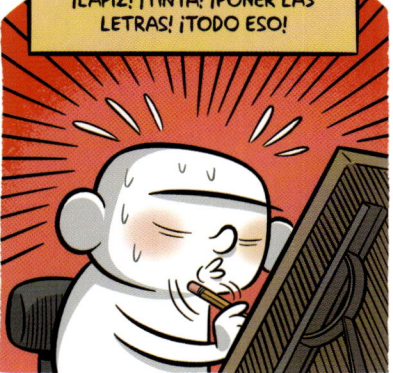

Y CUANDO YA LO TIENES TERMINADO, LO MIRAS Y...

JAJA, SÍ...

SIN DUDA...

TREMENDA MIERDA HE PARIDO.

Y LA PREGUNTA ES... ¿ES UNA MIERDA? ¡NO TIENE POR QUÉ! ¡PUEDE QUE SEA BUENÍSIMO!

PERO TÚ TE HAS SATURADO Y SÓLO PUEDES VER LA DISTANCIA ENTRE EL IDEAL QUE HABÍA EN TU CABEZA Y LO QUE TE HA SALIDO AL FINAL.

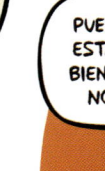

IDEAL

LO QUE TE SALIÓ

EL LECTOR QUE LEA LO QUE HAS HECHO NO SABE NADA DE NINGÚN IDEAL AL QUE ASPIRABAS, ASÍ QUE SIMPLEMENTE VA A LEERLO Y DISFRUTARLO SIN MÁS.

PUES OYE, ESTÁ MUY BIEN ESTO, NO SÉ.

MOÑECO GRACIOSO.

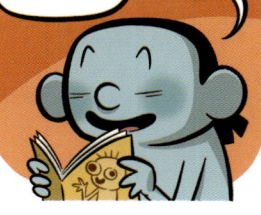

¿Y ESE CHISTE QUE PENSABAS QUE TE IBAN A CANCELAR POR ÉL? ¡PUES A LO MEJOR ES MUY BIEN RECIBIDO!

UF, EL CHISTE SOBRE CELÍACOS SALIÓ BIEN, MENOS MAL.

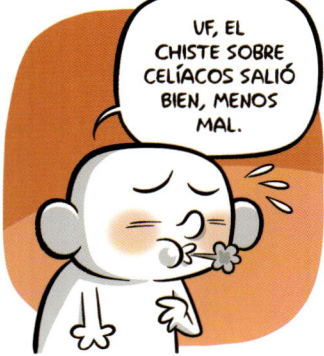

POR CONTRA, A LO MEJOR SE LÍA CON EL CHISTE QUE MENOS TE ESPERAS.

¿SABES ESE CHISTE SOBRE UN CANICHE QUE ES PEQUEÑITO?

PUES LA ASOCIACIÓN NACIONAL DE CANICHES TE HA DENUNCIADO POR DELITO DE ODIO, VE BUSCANDO UN ABOGADO.

PERDONE QUÉ

DE-MAN-DA

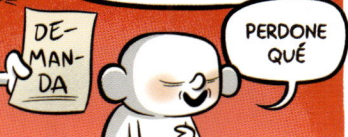

EL ASUNTO AQUÍ ES QUE **NO TIENES CONTROL** SOBRE CÓMO SE VA A RECIBIR TU OBRA.

TODO A LO QUE PUEDES ASPIRAR ES A HACERLO LO MEJOR QUE PUEDAS (¡Y PASARLO LO MEJOR QUE PUEDAS!), Y LO QUE PASE A PARTIR DE AHÍ, PUES DIOS DIRÁ.

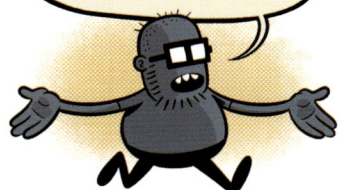

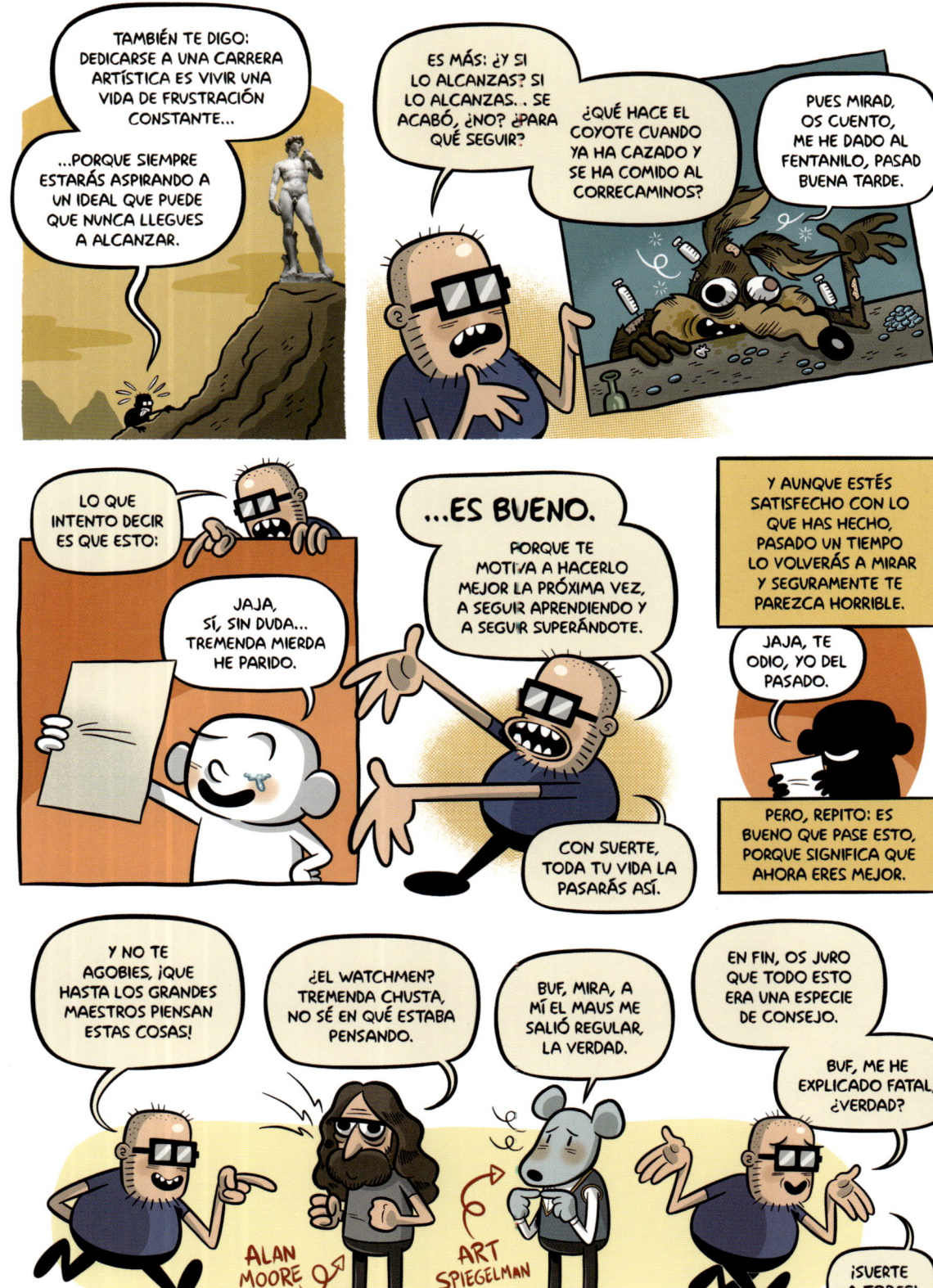

BIOGRAFÍAS

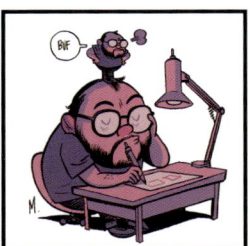

ALBERT MONTENYS

(Barcelona, 1971). Hace tebeos de humor desde que tiene uso de razón. Tras publicar en Camaleón Ediciones los cómics *Mondo Lirondo* con La Peñya y *Calavera lunar* En la revista El Jueves, es autor de las series *Tato* y *¡Para ti, que eres joven!*, esta última junto a Manel Fontdevila. Tras su éxito *¡Universo!* (2018) ha dibujado la adaptacion de *Matadero Cinco*, de Kurt Vonnegut (2020).

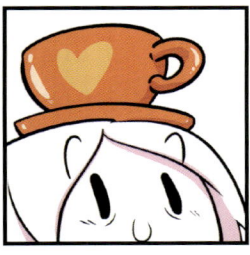

LAURIELLE

Laurielle es autora de cómics, ilustradora, *connoiseur* de perritos y zombi en los ratos libres. Curtida en el mundo de los webcómics y la autoedición, ha publicado obras como *Nada del Otro Mundo*, *La mala del cuento* o *Un mes en Villacolmillo*.

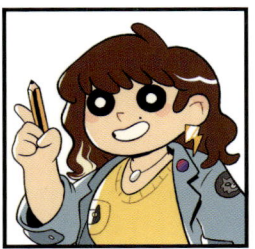

SARA SOLER

(Barbastro, 1992). Empezó su carrera profesional en 2017 y desde entonces ha trabajado para diversas editoriales nacionales e internacionales. Entre sus obras encontramos *Us*, *Temporada de Brujas* y *Red y Blue*. No ha parado de darle al lápiz con la ayuda de su abnegada y exigente ayudante, la gata Cimmeria.

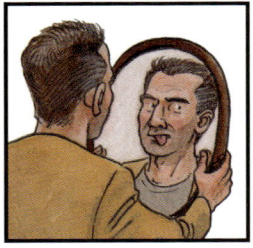

AGUSTÍN FERRER CASAS

(Pamplona, 1971). Dibujante autodidacta curtido durante veinte años en concursos de cómic. Da el salto al mundo profesional en 2011. Ha publicado *Cazador de sonrisas*, *Arde Cuba*, *MIES* y *Plan de huida* con Grafito Editorial y *Las apasionantes lecturas del Sr. Smith* y *Cartas desde Argel* con West Indies Publishing Company.

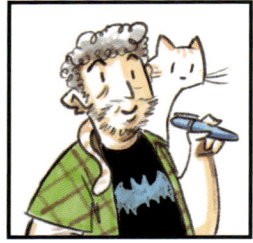

JOSÉ FONOLLOSA

Leo y dibujo cómics desde hace ya bastantes años. En este tiempo de búsqueda de mi voz propia, he descubierto que todos tenemos muchas voces en nuestro interior. A veces cantan, discuten, ríen, lloran... y los autores de cómics intentamos que el lector sepa qué dicen a través de nuestras viñetas.

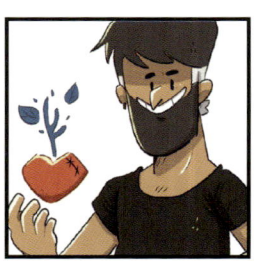

EL FLORES

Creador del webcómic *Vaya Juventud!*; de los cómics *Dealer, Dog Days* (editado por Dibbuks), *Viaje a Xambala* y *La venganza de Don Mendo* (Grafito Editorial). A finales del año 2024 abrió su propio estudio: **TESKIYÁ STUDIO.**

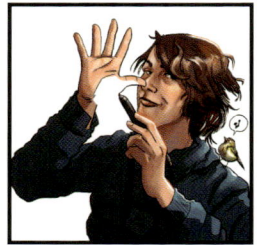

ZORAIDA ZARO

Licenciada en Bellas Artes, también pasé antes por Artes y Oficios y la Escuela de Artesanos. He trabajado -y trabajo- como humorista gráfica, dibujante de cómic (infantil, juvenil y adulto), guionista, colorista para BD de fantasía heroica francesa, ilustradora... y me sigue gustando dibujar. Caso perdido.

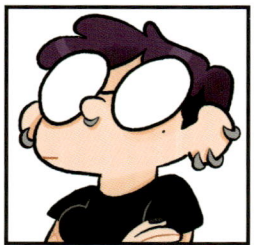

BEA TORMO

Bea es autora de cómic, ilustradora, diseñadora de personajes y dibujante de cosas así en general. Ha estudiado en sitios, ganado algún premio que otro y ha dibujado cómics como *Eva hace lo que puede*, ha formado parte de varios webcómics, se autopublica de vez en cuando y, mayormente, pasea a su perro hablando sola por la calle.

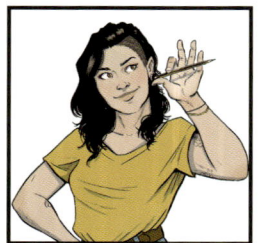

GEMA OVER

Gema Over es una alicantina orgullosa desde 1992. Graduada en Bellas Artes y el Máster de Diseño e Ilustración en la UPV, ha realizado trabajos de animación, cómic e ilustración desde 2015, estrenando en 2024 su propio cómic *Mi vida con Titi: Un perro potencialmente cariñoso* con Esfera de los libros.

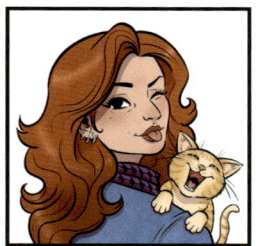

MEIK

Vengo de un pequeño pueblo sevillano rodeado de olivos y desde que un cómic de Asterix cayó en mis manos a los ocho años, supe que quería dibujar y contar historias en viñetas. Me licencié en Bellas Artes y desde 2015 me he dedicado a hacer cómics.

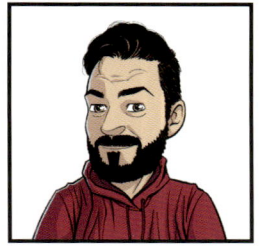

ARES

Su primer cómic largo fue *Rosa y Javier*, junto al guionista Paco Hernández (2013). Después dibujaría más cómics hasta repetir de nuevo con Paco en *En camino* (2023). Trabaja dibujando *storyboards* para cine y televisión.

DAVID BALDEÓN

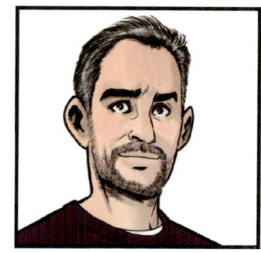

David Baldeón (Santander, 1976) ha hecho animación, storyboard e ilustración. Pero sobre todo ha dibujado cómics de superhéroes. El grueso de su carrera se ha desarrollado en Marvel Comics (*Nova*, *Web Warriors*, *Domino*, *X-Factor* entre otros). También ha dibujado *Robin*, *Superman* y *Power Girl* para DC. Actualmente trabaja en un proyecto propio con Ignition Press.

ÁLVARO ORTIZ

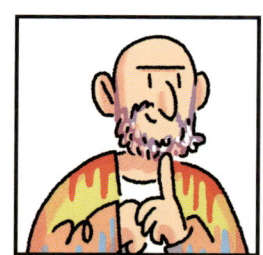

Álvaro Ortiz (Zaragoza, 1983), es ilustrador y autor de cómics como *Cenizas*, *Murderabilia*, *Rituales*, *El Murciélago sale a por birras* o los dos cómics infantiles protagonizados por "la pequeña genia".

GUILLERMO LIZARÁN

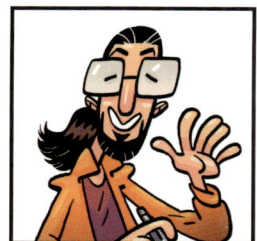

(Valencia, 1992). Dibujante de chorradas desde que desarrolló el lóbulo frontal, se mueve cual culebra coja entre cómic, *storyboard* e ilustración. Es autor del cómic de humor absurdo *Sácamelo Todo: Las Tiras Completas de Mr Prolapso* y del cómic-juego interactivo *Poli Raro*.

DELICIEST

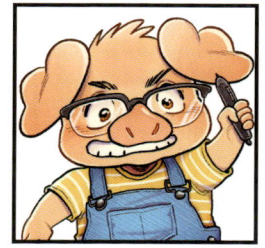

Dibujante asturiana. Aunque sobrevive como puede encadenando trabajos de ilustración freelance, su actividad principal son los cómics, de los que también es ferviente lectora desde niña. Es una de las tres cabezas del colectivo fanzinero PussyCrazy y ha trabajado en cómics como *Abogada Soltera* y *¡Déjame Dormir!*. Actualmente publica el webcómic *FULLMOONPANIC!*.

XULIA VICENTE

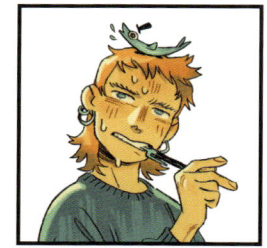

Crece en Cambre y estudia Bellas Artes en Valencia, donde reside actualmente. Su principal interés son los tebeos, pero también ha trabajado como ilustradora y como profesora en el Máster de Barreira. Entre sus obras destacan *Elisa y Marcela*, *Sello de Dragón*, con Manuel Gutiérrez, *Duerme Pueblo*, con Núria Tamarit, o la galardonada al Ignatz *I see a knight*.

RUBÉN FDEZ.

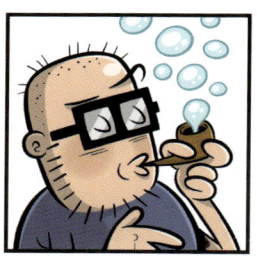

Rubén Fdez. lleva desde 2007 publicando (sobre todo) en El Jueves y (puntualmente) en sitios como Hobby Consolas, El Manglar, Diari ARA o Valencia Plaza. Ha publicado unos doce libros, ha sido traducido a cuatro idiomas y no tiene ni idea de qué está haciendo, si le preguntas.

ALGUNOS TÍTULOS DE REFERENCIA PARA DIBUJAR CÓMIC:

La narración gráfica. Principios y técnicas.
De Will Eisner.
ISBN 978846769894
Publicado por Norma Editorial, 2024.

Entender El cómic.
De Scott McCloud.
ISBN 9788496815124
Publicado por Astiberri Ediciones, 2023.

Hacer cómics
De Scott McCloud.
ISBN 9788496815148
Publicado por Astiberri Ediciones, 2023.

Reinventar el cómic
De Scott McCloud.
ISBN 9788416090938
Publicado por Placeta Cómic, 2016.

Cuéntalo bien.
El sentido común aplicado a las historias.
De Ana Sanz-Margallón.
ISBN 9788486702922
Publicado por Plot Ediciones, 2021.

El discurso del cómic.
De Luis Gasca y Román Gubern.
ISBN 9788437647302
Publicado por Ediciones Cátedra, 2024.

Diccionario de onomatopeyas del cómic.
De Luis Gasca y Román Gubern.
ISBN 9788437625010
Publicado por Ediciones
Cátedra, 2008.

El universo fantástico del cómic.
De Luis Gasca y Román Gubern.
ISBN 9788437634395
Publicado por Ediciones Cátedra, 2015.

La pintura en el cómic.
De Luis Gasca y Asier Mensuro.
ISBN 9788437647296
Publicado por Ediciones Cátedra, 2024.

Escribir con viñetas, pensar en bocadillos.
Manual de guion de cómic.
De David Muñoz Pantiga.
ISBN 9788417645083
Publicado por Es Pop Ediciones, 2020.

Curso completo de cómic.
Principio, prácticas y técnicas.
De Steve Edgell y Tim Pilcher.
ISBN 9788495376336
Publicado por Editorial Acanto, 2002.

¡DIBUJA! Rompe las reglas del dibujo.
De Brett Bean.
ISBN 9788426738462
Publicado por la Editorial Marcombo, 2024.

Cómo pensar cuando dibujas (Vol.1)
De Lorenzo Etherington.
ISBN 9788467966831
Publicado por Norma Editorial, 2024.

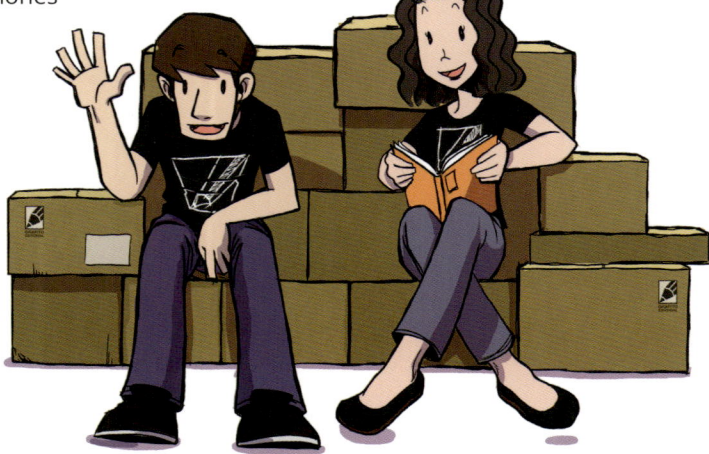